Karl Ernst

10 × 10 Textzugänge

Lesen, Lernen, Lachen im Sprachunterricht
Eine Spiel- und Übungssammlung für den Unterricht
herausgegeben von Karl Ernst

A B C D E F G H I K

Vorwort des Herausgebers

Beim Lesen tauchen wir nicht nur in die gedankliche Welt eines Autors oder einer Autorin ein, sondern wir schaffen uns mit Hilfe des Textes eine eigene imaginative Welt. Diese geht über unsere gelebten Erfahrungen hinaus: Lesen regt eine gedankliche Welterkundung an. Dass es dabei nicht allein darum gehen soll, die Überlegungen des Autors zu erraten, sondern auch darum, sich zu Texten eigene Gefühle und Gedanken zu machen, hat die didaktische Literatur der letzten Jahre ausführlich dargestellt. Nur: *Wie* macht man das? Mit welchen Aufgaben kann die Lehrperson an Texte heranführen, damit eine Auseinandersetzung mit diesen in Gang kommt?

Die vorliegende Sammlung will Lehrpersonen für alle Altersstufen Zugänge zu Texten anbieten: erprobte Aufgaben, Spiele und Übungen. Leitend für die Auswahl waren folgende Fragen:
- Auf welche Arten kann man an einen Text herangehen, ihn rezipieren?
- Durch welche Impulse vermag ein Text das eigene Denken und Handeln anzuregen?
- Wodurch kann das Textverständnis vertieft werden?
- Inwiefern kann ein Text zum eigenen Schreiben anregen?
- Was macht einen Textvortrag attraktiv?

Viele Ideen wurden aus Zeitschriften oder Büchern entnommen, erprobt, evtl. abgewandelt und so den Bedürfnissen des schulischen Leseunterrichts angepasst.

Literaturhinweise

ALTENBURG, E.: Wege zum selbständigen Lesen, Verlag Cornelsen, Berlin 1991
BERTSCHI-KAUFMANN, A. (Hrsg.): Lesen und Schreiben im offenen Unterricht, Verlag sabe, Zürich 1998
HAAS, G.: Handlungs- und produktionsorientierter Literaturunterricht, Verlag Kallmeyer, Seelze 1997
INGENDAHL, W.: Umgangsformen. Produktive Methoden zum Erschließen poetischer Literatur. Diesterweg 1991
MECKLING, I.: Fragespiele mit Literatur, Verlag Diesterweg, Frankfurt am Main 1985
SPINNER, K.: Lyrik der Gegenwart im Unterricht, Verlag Schroedel, Hannover 1992
THALMAYR, A.: Das Wasserzeichen der Poesie. Verlag Eichborn, Frankfurt am Main 1990

Karl Ernst

Orientierungshilfe

A 1 – A 10 An Texte herangehen, Zugänge zu Texten
B 1 – B 10 Bedeutung erschließen
C 1 – C 10 Chor: Rezitationsformen, klanggestaltende Vortragsverfahren
D 1 – D 10 Darstellen: Szenisches, pantomimisches oder rhythmisches Darstellen, Malen. Schreibbild
E 1 – E 10 Einblick in die Grammatik, in die Sprachstruktur
F 1 – F 10 Form verändern, Spielen und Handeln durch Variieren, Verändern, Verfremden
G 1 – G 10 Gedichte, Umgang mit Vers, Reim und Rhythmus
H 1 – H 10 Handeln mit der Textstruktur, Einblick in Aufbau und Gliederung von Texten
I 1 – I 10 Improvisieren: Spielen mit Texten
K 1 – K 10 Kommentar: Schreiben zu Texten

Unter dem Titel in der Hauptspalte, auf der zweiten Zeile, findet sich ein Hinweis auf die nötigen Materialien. Die Hinweisspalte (rechts) enthält auf der Höhe des Titels Angaben über die geeignete Gruppenform, über die empfohlene Methode und über das Alter (Schuljahr, Klasse):

einzeln / Partner /Gruppe / Klasse: Der Vermerk weist darauf hin, dass sich eine Aufgabe besonders für die Einzel- Partner- Gruppen- oder Klassenarbeit eignet.

eigenst. / geleitet: Hier findet sich die Einschätzung, ob eine Aufgabe eigenständig gelöst werden kann (z.B. im Werkstatt- und Wochenplanunterricht) oder ob sie von der Lehrperson geleitet werden sollte.

Kl. 1 – 9: Für welche Klasse, welches Schuljahr eignen sich die Aufgaben? Oft kann eine Idee, leicht angepasst, für unterschiedliche Altersstufen verwendet werden.

Vermutungen anstellen	**Gruppe Klasse**	eigenst.	Kl. 2 – 9
Texte mit anregendem Titel, mit Kapitelhinweisen oder Illustrationen	Zugang zu Texten		A 1

Die Schülerinnen und Schüler erhalten Texte, die sich auszeichnen durch
- spannende Titel oder Kapitelüberschriften
- anregende Illustrationen
- Zusammenfassungen des Inhalts, z.B. in Klappentexten oder Leads

Aufgabe

Stellt Vermutungen über die Geschichte an:

- Beschreibt einen möglichen Verlauf, haltet ihn in Stichworten fest und erzählt ihn anschließend der Gruppe.
- Beschreibt den möglichen Charakter der Personen. Wie werden sie sich vermutlich verhalten? Was führt euch zu euren Annahmen?
- Beschreibt Zeit und Ort des Geschehens.
- Welches Thema behandelt der Text? Was ist vermutlich seine wichtigste Aussage?

Am Ende soll diskutiert werden, wer mit seinen Vermutungen am nächsten lag. Was hat einen auf die richtige oder falsche Spur geführt?

Geeignete Texte finden sich für die Primarstufe in den Lesebüchern. Dort bieten sich in erster Linie die Illustrationen dazu an, Vermutungen anzustellen.

Bei Kinder- und Jugendbüchern stehen in der Regel Lesehinweise zur Kinder- und Jugendliteratur, Zusammenfassungen aus der Werbung oder Klappentexte zur Verfügung.

Fragen beantworten

Einzeln Gruppe	eigenst.	Kl. 2 – 9

Texte, zu denen Fragen vorbereitet worden sind	Zugang zu Texten	A 2

Zur Lektüre werden Fragen gestellt. Sie überprüfen in der Regel das Textverständnis. Werden solche Fragen vor der Lektüre gestellt, kann gezielt daraufhin gelesen werden. Im Anschluss an die Lektüre gestellte Fragen machen oft eine zweite Auseinandersetzung mit dem Text nötig.

Aufgaben
- Die einfachste Überprüfung geschieht im Multiple-Choice-Verfahren, also so, dass zu einer Frage verschiedene Antworten vorgegeben sind, unter denen die richtige herausgefunden werden muss.
- Als weitere einfache Form können Fragen gestellt werden, die durch *ja* oder *nein* zu beantworten sind.
- Etwas anspruchsvoller ist es, wenn in einem vorgegebenen Antwortsatz das richtige Wort eingesetzt werden muss. Erleichtert wird die Aufgabe, wenn dafür eine Auswahl von Wörtern aufgeführt ist.
- Die gefundenen Lösungen können einen Satz ergeben oder in ein Kreuzworträtsel eingesetzt werden.
- Anspruchsvoller und für höhere Klassen geeignet ist die Aufgabe, Fragen zur Textlogik oder zum Textverständnis zu beantworten. Wichtig scheint uns, dass bei solchen Aufgaben ein Austausch in Partnerschaften oder Gruppen stattfindet, bei dem man seine Auffassungen begründen kann.

Für eigenständiges Arbeiten z.B. im Rahmen des Werkstatt- oder Wochenplan-Unterrichts wird bei den Fragen zu Texten oft unterschieden:

1. Fragen zum Inhalt

2. Persönliche Meinung zu bestimmten Sachverhalten

3. Fragen zur Textform und zur Grammatik

Zur Leseanimation:

Zu empfohlenen Büchern werden Fragen gestellt:
- *Wer kann sie beantworten?*
- *Innert einem Semester müssen die Fragen zu einem Buch beantwortet werden. Die Wahl des Buches ist freigestellt.*

Fragen stellen	**Gruppe Klasse**	eigenst.	Kl. 2 – 9
Texte mit klarer Gliederung	Zugang zu Texten		A 3

In Abhebung der Aufgaben unter A 2 geht es hier um eine Spielform, bei der die Schülerinnen und Schüler selber Fragen zu einem Text finden, welche die Partner oder die Gruppenmitglieder beantworten müssen.

Aufgaben

Überlegt euch zu einem vorgegebenen oder selber gewählten Text, auch zu einem Jugendbuch, eine Reihe von Fragen, die diejenigen beantworten können, welche den Text aufmerksam gelesen haben.

Die Fragen können vor der Lektüre oder im Anschluss daran gestellt werden, was die Aufgabe unterschiedlich schwierig werden lässt.

In der Regel macht es den Schülerinnen und Schülern Spaß, selber solche "Rätsel" auszuhecken.

Insbesondere können solche Aufgaben zum Lesen von Kinder- und Jugendbüchern animieren:

- *Fragen zu einem Buch werden an der Pinnwand ausgehängt: Wer kann sie beantworten?*
- *Quizfragen: Wer ein Buch gelesen hat, bereitet dazu zehn Quizfragen vor. Können die nächsten Leserinnen und Leser diese beantworten?*

Fortsetzung ausdenken

Gruppe Klasse	eigenst. geleitet	Kl. 2 – 9

Texte mit klaren Verlaufsstrukturen — Zugang zu Texten — A 4

Der Anfang eines Textes ist bekannt.

Aufgabe
- Stellt Vermutungen über den Fortgang der Handlung an.
- Haltet eure Lösung in Stichworten / ausformuliert / in Form eines Mind-Maps fest. (Vgl. dazu H 5)
- Tragt der Gruppe eure Fortsetzung vor.
- Könnt ihr sagen, wie ihr zu eurer Lösung gekommen seid? (z.B. freies Fantasieren / in Anlehnung an eine Geschichte / aufgrund bestimmter Textstellen …)

Auswertung

Die Lösungen werden in der Gruppe eingebracht. Sie sollen begründet werden. Anschließend wird die originale Fortsetzung individuell gelesen. Die gefundenen Lösungen werden mit der Lösung der Geschichte verglichen und von der Gruppe diskutiert.

Aufgaben dieser Art aktivieren eher, wenn sie in der Gruppe anstatt im Klassenverband gelöst werden. Dabei ist zu beachten, dass auch in der Gruppe zunächst jeder Einzelne die Aufgabe für sich selber löst und erst im Anschluss darüber gesprochen wird. Sonst verhindern die Schnellen und Lebhaften das eigenständige Mitarbeiten der anderen.

➜ *Vgl. auch "Schreiben zu Texten" K 1*

Schnipseltexte	Einzeln Klasse	eigenst. geleitet	Kl. 2 – 9
Texte mit klarer Gliederung	Zugang zu Texten		A 5

Ein Text wird den Schülerinnen und Schülern in einer vertauschten Abfolge der Sätze oder Abschnitte vorgelegt.

Aufgabe

Stellt mit den Teilen eine stimmige Fassung her.

Vergleicht anschließend eure Lösungen.

Diskutiert unterschiedliche Lösungen und überlegt, wie sie zustande gekommen sind:

- Welche Überlegungen haben zu welchen Wendungen geführt?
- Wo gab es besondere Probleme?
- Was machte das Finden eines Anschlusses besonders schwierig?
- Welche Lösungen erscheinen ebenso stimmig wie der Originaltext?

Der Arbeitstext kann von der Lehrperson vorbereitet werden. Noch attraktiver ist es für die Kinder und Jugendlichen, wenn sie für einander in Partnerschaften oder in Gruppen selber „Schnipseltexte" vorbereiten können.

Sätze ordnen	Einzeln Gruppe	eigenst.	Kl. 3 – 9
Vorbereitete Textvorlage	Zugang zu Texten		A 6

Ein Text wird mit vertauschter Satzreihenfolge vorgelegt. Dabei werden die Sätze am besten in dieser falschen Reihe fortlaufend nummeriert und untereinander geschrieben.

Aufgabe

Schreibt die Sätze in einer stimmigen Reihenfolge auf.

Überlegt dabei, woran man erkennen kann, was zusammen gehört:

- thematische Verweise: Welche Elemente müssen vorgängig erscheinen, weil später auf sie verwiesen wird?
- kohäsionsstiftende Wörter (sie schaffen den Textzusammenhang):
  – Pronomen: diejenige, welche, alle …
  – Adverbien: vorne, gestern, dann, darauf …
  – Konjunktionen: jedoch, solange, wie …
- bei Versen Reimfolgen oder Versmaß

Die Arbeit lässt erkennen, wie in einem Text der Zusammenhang geschaffen wird, was also den Text zusammenhält.

Texte mit vertauschter Satzreihenfolge sollen von den Lernenden auch selber füreinander hergestellt werden.

Bilder und Gedanken

Einzeln Klasse	**eigenst. geleitet**	**Kl. 1 –9**
Kurze Texte, auch Gedichte	Zugang zu Texten	A 7

Wenn man Texte hört oder liest, tauchen Bilder und Gedanken auf. Sofern man diese äußert und vergleicht, erkennt man, wie sehr die Lesenden sich, angeregt durch den Text, ihre eigenen Geschichten konstruieren: Lesen ist ein aktiver Prozess der Sinndeutung. Dabei spielt das, was die Lesenden selber in den Text hineinlegen, eine große Rolle: Texte werden unterschiedlich verstanden.

Aufgabe (Auswahl je nach Text)
- Nehmt beim Hören oder Lesen eines Textes ein leeres Blatt vor euch und notiert laufend eure Gedanken und Einfälle in Stichwörtern, ohne das Lesen oder Zuhören lange zu unterbrechen.
- Setzt den Text (z.B. ein Gedicht) in die Mitte eines Blattes (mind. A 3, evtl. Plakatformat) und notiert darum herum eure Gedanken und Einfälle. Ihr seid in der Art der Darstellung frei, ihr könnt auch Zeichen und Bilder verwenden.

Jüngere Kinder drücken ihre Empfindungen oft zusätzlich mit Farben, in unterschiedlicher Schrift, mit Zeichen oder durch Bilder aus. Dies sollte ihnen freigestellt werden.

Wenn man die entstandenen Plakate aushängt und vergleicht, soll man auf Wertungen verzichten. Es muss den Autorinnen und Autoren freigestellt sein, etwas über ihr Werk zu sagen oder nicht.

Lesen mit dem Stift		**Einzeln Gruppe**	**eigenst. geleitet**	**Kl. 2 – 9**
Text, der markiert und verschrieben werden darf		Zugang zu Texten		A 8

Ein Text wird auf die linke Seite eines Blattes kopiert, so dass rechts genügend Platz für Anmerkungen bleibt.	*Ziel ist es, dass die Lesenden denkend und fragend an Texte herangehen lernen.*

Aufgabe

Die Schülerinnen und Schüler lesen den Text individuell mit dem Stift in der Hand. Sie markieren einerseits laufend, was ihnen zentral erscheint. Andererseits achten sie auch auf ihre Gefühle und Einfälle. Sie bringen diese zu Papier: durch Gedanken oder Fragen, die auf der rechten Seite notiert werden, durch Ausrufe- oder Fragezeichen, durch spontane Wörter und Zeichen aller Art.

Solche während der Rezeption bearbeiteten Texte erleichtern das Gespräch über unterschiedliches Verständnis. Beispiel:

- Vergleicht in Partnerschaften oder in der Gruppe eure Notizen.
- Wo kommt das gleiche, wo unterschiedliches Verständnis zum Ausdruck? Was hat dazu geführt?
- Welche Gedanken lassen sich vom Text her begründen, welche sind eigene Einfälle?
- Wo haben sich Fragen eröffnet, und wie stellen sich die anderen dazu?

Stolpersteine	**Gruppe Klasse**	geleitet	Kl. 3 – 9
Speziell für die Aufgabe vorbereitete Texte	Zugang zu Texten		A 9

Stolpersteine oder Hindernisse verlangen eine aktive geistige Auseinandersetzung mit der Textbedeutung. Sie bieten aber auch Anlass für Überlegungen zur Wortstruktur.

Aufgaben

- In den Text sind rückwärts geschriebene Wörter eingestreut:
  Verquatschter Morgen:
  Am Morgen trinke ich Okak, ich esse dazu eine Scheibe Torb, beschmiere sie mit Rettub und Ginoh …
  (Knuddeldaddelwu, Lesebuch 2. Kl., sabe Zürich 1996)
- Der Text enthält Elemente aus fremden Sprachen:
  Entschuldigung – Scusi – Excuse me – Oprostite – Perdone …
  (Platsch, Lesebuch 3. Klasse, sabe Zürich 1997)
- Der Text enthält Wörter, die absolut nicht hineinpassen:
  Im Frühjahr wird die Wiese wieder saftig grün. Gelb leuchtet der Wasserhahn … (Löwenzahn)
- Der Text enthält Passagen, die bedeutungsmäßig keinen Sinn ergeben.

Die Hindernisse müssen so konzipiert sein, dass sie herausfordernd, aber nicht unüberwindbar sind. Anfängerinnen und Anfänger dürfen die Texte vorbereiten, versierte Lesende sollen aber die Stolpersteine auch auf Anhieb, also beim Lesen vom Blatt, ohne stolpern zu überwinden versuchen.

Text ergänzen

Kurzgeschichten, Lesebuchtexte	Zugang zu Texten

Einzeln Gruppe | **eigenst. geleitet** | **Kl. 3 – 9**

A 10

Zu einem Text werden von der Lehrperson mehrere unterschiedliche Abschlüsse verfasst. Der Text wird ohne diese Schlüsse mit der Klasse erarbeitet. Dann werden die verschiedenen Textabschlüsse vorgelegt.

Aufgaben

– Überlegt zuerst selber, welche Lösungen euch möglich erscheinen.
– Diskutiert in der Gruppe, welche Lösungen möglich sind. Welches könnte der Originalschluss sein? Was bringt euch zu dieser Annahme?

Beim abschließenden Gespräch in der Klasse geht es nicht nur darum, den originalen Schluss zu präsentieren, sondern auch um Überlegungen, welche Lösungen für den vorgelegten Text stimmig sind.

Für fortgeschrittene Leserinnen und Leser kann die Aufgabe als Gruppenwettkampf organisiert werden:

Aufgabe

Erfindet zu einer (selbstgewählten) Geschichte unterschiedliche Schlüsse. Legt diese einer anderen Gruppe oder der Klasse vor:

- *Wer findet das Original heraus?*
- *Was hat euch auf die Lösung gebracht?*

→ *Vgl. dazu auch «Schreiben zu Texten» K 1 und K 7*

Titel finden

Gruppe Klasse	geleitet	**Kl. 2 – 9**

Textteile und Texte | Bedeutung erschließen | B 1

Zu einer Geschichte soll ein Titel gefunden werden. Bei geübten Leserinnen und Lesern kann auch in einem längeren Text zu jedem Abschnitt ein Titel bzw. ein zusammenfassendes Stichwort gesucht werden.

Aufgaben
- Sucht zur Geschichte einen passenden Titel.
- Sucht zu jedem Textabschnitt einen Schlüsselbegriff, der die Aussage möglichst genau erfasst.

Alternativen
- Aus einer Anzahl von Titelvorschlägen oder Stichwörtern sollen passende ausgewählt werden.
- Begründet eure Lösungen!

Wer in einem Stichwort oder in einem Satz sagen kann, worum es im Text geht, zeigt, dass er beim Lesen mitdenkt.

Besonders ergiebig ist es, wenn die gefundenen Titel oder Schlüsselbegriffe in Partnerschaften oder Gruppen verglichen und diskutiert werden.

Etwas einfacher wird es, wenn mögliche Titel oder Stichwörter vorgegeben sind und man sich nur noch für eine passende Formulierung entscheiden muss.

Fotolangage	Gruppe Klasse	geleitet	Kl. 3 – 9
Set aussagekräftiger Fotografien, z.B. eine Sammlung Postkarten	Bedeutung erschließen		B 2

Nachdem ein Text gelesen worden ist, überlegen sich die Schülerinnen und Schüler, zu welcher der vorgelegten Fotos er am besten passt. Die Bilder erleichtern Assoziationen zum Text.

Aufgabe
- Wählt aus den vorgelegten Bildern eines aus, das mit dem Text zu tun hat.
- Sprecht über dieses Bild und sagt dabei, wieso es euch an den Text erinnert.

Alternative
Stellt in Kleingruppen eine Bildcollage zusammen, die der Textaussage gerecht wird.

"Fotolangage" (wörtlich: Bildersprache) ist ein Verfahren von Selbsterfahrungsgruppen: Die Assoziationen zu den Bildern erlauben Hinweise auf Einstellungen und Denkweisen. Die Methode wird eingesetzt, wenn es darum geht, sich selber oder einander besser kennen zu lernen.

→ *Bildmaterial findet sich in illustrierten Zeitschriften*

Literatur: P. Babin: Photolangage, Edition du chalet, 1979

Gefühle ausdrücken

Gruppe Klasse	geleitet	Kl. 4 – 9

Texte mit eindeutiger Gefühlskomponente | Bedeutung erschließen | B 3

Wer sich auf einen Text einlassen will, tut gut daran, die Gefühle wahrzunehmen, die sich bei der Lektüre einstellen. Wohl betreffen die ersten spontanen Rückmeldungen über einen Text praktisch immer Gefühle: Ein Text war beispielsweise *spannend, langweilig* oder *traurig*. Die Wahrnehmung kann aber verstärkt und bewusst gemacht werden, wenn ein Text auch mit dem entsprechenden Gefühlshintergrund vorgetragen wird.

Aufgaben
- Lest den Text für euch selber und achtet auf eure Empfindungen.
- Lest ihn dann der Gruppe oder der Klasse vor und versucht dabei, die Gefühle auszudrücken.
- Die Zuhörenden können in der Folge ihre eigenen Lösungen präsentieren.

Alternativen
- Die Gefühle werden durch einen entsprechenden Körperausdruck dargestellt.
- Die Zuhörenden begleiten den Textvortrag mit passenden Gefühlsäußerungen: *Du meine Güte! Das ist eine Lüge! cool! gemein!*

Besonders Kinder verarbeiten ihre Erlebnisse nicht primär kognitiv. Sie sollten darum auch im Unterricht Gelegenheit erhalten, ihre Betroffenheit direkt durch Gefühlsäußerungen, durch Mimik, Gestik oder gar Bewegung auszudrücken.

→ *Vgl. auch D 7 (Mimisch unterstützen) und D 8 (Lesen und Bewegen)!*

Bedeutungsbilder	Gruppe	eigenst. geleitet	Kl. 1 – 9
Zeichen- und Mal-Materialien	Bedeutung erschließen		B 4

Schon in der Vorschulzeit lernen die Kinder, in Bildern darzustellen, wie sie eine Geschichte erlebt haben, was ihnen bedeutsam geworden ist. Bild oder Collage sind aber auch bei den versierten Leserinnen und Lesern ein gutes Mittel, um über unterschiedliche Bedeutungsauffassungen ins Gespräch zu kommen.

Für die Gespräche über die Bilder empfiehlt sich ein von der Lehrperson geleitetes Gespräch, damit der Textbezug nicht zu kurz kommt.

Aufgaben

Stellt zu einem Text eine Zeichnung, ein Bild oder eine Collage her.
- Versucht den Inhalt, die zentrale Aussage zu erfassen.
- Gebt die Grundstimmung des Textes wieder.
- Stellt einen Werbeprospekt / ein Umschlagbild für den Text dar.

Alternativen
- Collage, Zeichnung oder Bild werden in Partner- oder Gruppenarbeit hergestellt, präsentiert und kommentiert.
- Zu unterschiedlichen Texten werden Bilder gemalt. Anlässlich einer Bilderausstellung müssen die Betrachter die Bilder den verschiedenen Texten zuordnen.
- Die Klasse illustriert einen Text und schafft damit gemeinsam ein Bilderbuch.

Stellung nehmen	Einzeln Gruppe	eigenst. geleitet	Kl. 4 – 9
Texte und dazu passende Leitfragen		Bedeutung erschließen	B 5

Im Anschluss an die Lektüre sollen die Schülerinnen und Schüler zum Text Stellung nehmen. Ziel ist, dass die Lesenden die Geschichte gezielt mit ihrer eigenen Erfahrungswelt verbinden.

Die Texte können entweder für alle Gruppenmitglieder gleich oder aber unterschiedlich sein.

Aufgaben

Die Leitfragen müssen den Texten angepasst werden. Je nach Text können Fragen folgender Art gestellt werden:
- Wie hättest du in dieser Situation gehandelt?
- Wie beurteilst du das Verhalten von … ?
- Wie wirkt die Situation (die Stimmung …) auf dich?
- Kannst du über eine ähnliche Situation berichten?

↦ *Die Leitfragen sind für die unteren Klassen von der Lehrperson vorzugeben. In höheren Klassen sollen die Fragen von den Gruppen selber ausgearbeitet werden.*

Weitere Anregung

Schülerinnen und Schüler können in Klassen dadurch zur Lektüre geeigneter Bücher animiert werden, dass anregende Leitfragen vorliegen. Beispiel: *Was hätten Tom und Tina unternehmen sollen, damit ihr Schwindel nicht aufgeflogen wäre?*

↦ Vgl.: Balmer, U.: Zwei Tickets nach Amerika, Verlag Zytglogge, Bern 1996

Innerer Monolog

Einzeln | **eigenst.** | **Kl. 4 – 9**

Texte mit Figuren in emotional packenden Situationen

Bedeutung erschließen   B 6

Die Identifikation mit einer Textfigur kann dadurch vertieft werden, dass man sich überlegt, wie diese denkt oder fühlt.

Aufgaben

- Halte beim Lesen an einer geeigneten Stelle inne und führe ein kurzes Selbstgespräch, wie die ausgewählte Person es in dieser Situation tun könnte. (Bei der Aufgabe im Rahmen individualisierender Arbeitsformen kann ein solches Gespräch auf Tonband aufgezeichnet werden.)
- Verfasse den inneren Monolog einer bestimmten Person. Vergleiche deine Lösung mit derjenigen anderer. Wo stellt ihr Übereinstimmungen fest, wo Differenzen? Welche Gedanken stehen hinter den unterschiedlichen Lösungen?
- Stelle eine Szene als Comic dar und schreibe in die Sprechblasen, was die Personen denken.

Der Impuls zielt darauf ab, dass sich die Lesenden in die Denk- und Gefühlswelt der Textfiguren eindenken. In der Regel sind die Ergebnisse weniger für eine Auswertung in der Gruppe oder in der Klasse geeignet.

Szenen zu Texten

Gruppe	eigenst. geleitet	Kl. 4 – 9

Texte, die zum Spielen anregen | Bedeutung erschließen | B 7

Die Bedeutung von Texten kann nicht nur erhellt werden, wenn die Texte selber szenisch dargestellt werden, sondern auch, wenn zu diesen Texten passende Szenen gespielt werden.

Aufgaben

Nehmt einen Text zum Anlass für kurze improvisierte oder vorbereitete Spielszenen. Dabei soll nicht die Texthandlung selber dargestellt werden, sondern

- Spielt die Handlung unmittelbar vor (nach) der Geschichte.
- Spielt die Szene in unserer Zeit / in unserer Gesellschaft …
- Spielt eine Gegenszene.
- Verändert ein Element der allen bekannten Geschichte: Erkennen die Zuschauenden die Veränderung?
- Spielt die Szene aus der Perspektive anderer Figuren.
- Führt neue Figuren ein und gebt der Geschichte eine neue Wendung.
- Spielt eine der Vorlage ähnliche Situation, die ihr aber verlegt:
  – in unsere Zeit (oder in eine selber festgelegte Epoche)
  – in unsere Gesellschaft

Folgendes Vorgehen hat sich bewährt:

Nach der Lektüre des Textes beraten die Gruppen, was für eine Szene die Textaussage verstärken könnte. Sie bereiten diese selbständig vor und präsentieren sie der Klasse.

Gesichtspunkte für die Auswertung:
- *Inwiefern passt die Szene zum Text?*
- *Was ist von außen hineingetragen worden?*

Übersetzen

Einzeln Gruppe	eigenst. geleitet	Kl. 1 – 9
Texte, die sich für eine Übersetzung eignen. Evtl. Wörterbücher	Bedeutung erschließen	B 8

Wer einen Text in eine andere Sprache übersetzt, muss sich ganz besonders um die genaue Bedeutung bemühen und die treffenden Begriffe wählen.

Aufgaben

- Die naheliegendste Aufgabe, die auch schon in den unteren Klassen der Primarschule lösbar ist, besteht darin, einen Sachverhalt oder eine Geschichte aus der Mundart in die Schriftsprache zu übersetzen.
- Später können einfache Texte aus dem Französischen oder Englischen ins Deutsche übersetzt werden. Es ist anregend, unterschiedliche Lösungen zu vergleichen.
- Spielform zu zweit:
  – A und B übersetzen je einen anderen Text,
  – sie tauschen die Texte aus und übersetzen zurück,
  – am Schluss werden Original und Rückübersetzung verglichen.

In dieser Übung wird augenfällig, wie unterschiedlich derselbe Sachverhalt beschrieben werden kann, wie verschieden Formulierungen für dieselbe Bedeutung sein können.

➜ *Literatur:*

Prévert J:
Gedichte und Chansons
Französisch und Deutsch
TB rororo 1421

Leerstellen ergänzen

| | Einzeln Gruppe | eigenst. geleitet | Kl. 4 – 9 |

Mit Leerstellen präparierte Texte — Bedeutung erschließen — B 9

Jeder Text verlangt von den Lesenden eine gedankliche Ergänzung. Je weniger Anhaltspunkte wir bei einem Text haben, desto eigenständiger müssen wir die Leerstellen mit Elementen aus unserer Weltsicht und Denkweise füllen, und so den Text selber mit Bedeutung zu füllen. Das kennen wir vor allem von der modernen Literatur und von Gedichten.

Man kann auch Leerstellen in Texten gezielt schaffen: Man lässt entweder Wortteile und Wörter oder ganze Textstellen weg.

Aufgabe
- Füllt die Leerstellen durch passende Wörter.
- Lest euch die Texte dann vor und vergleicht eure Lösungen.
- Vergleicht zum Schluss mit dem Originaltext.

Weitere Anregungen
- Nur Angedeutetes wird weitergesponnen
- Das Umfeld, die Situation der Handlung wird näher beschrieben
- Figuren ausführlicher als im Text vorstellen und beschreiben, evtl. auch ihr Fühlen und Denken nachempfinden.

Attraktiv werden solche Aufgaben, wenn sie als «Schatzsuchspiele» aufgezogen werden: Mit Bleistift geschriebene Informationen werden teilweise unleserlich gemacht, z.B. radiert, angebrannt, verschmiert … eben wie Dokumente aus alter Zeit. Wer den Text korrekt ergänzt, findet den Weg oder die Lösung.

Fälschung

Einzeln Klasse	eigenst. geleitet	Kl. 5 – 9

Einfache Kurztexte wie Fabeln, Anekdoten, Witze usw. | Bedeutung erschließen | B 10

Als Fälschungen bezeichnen wir hier Unstimmigkeiten in der Bedeutung eines Textes. Wer gewohnt ist, beim Lesen Erwartungen an einen Text zu stellen, wer also aus dem Zusammenhang bestimmte Wörter und Wendungen erwartet, fühlt sich gestört und bemerkt darum die "Fälschung".

Aufgabe
- Zunächst sollen in einem von der Lehrperson vorbereiteten Text die Fälschungen entdeckt und korrigiert werden.
- Dann wählen die Schülerinnen und Schüler selber einen kurzen Text aus. In jedem Satz wird ein sorgfältig gewähltes Wort derart verändert, dass ein aufmerksamer Leser durch die Fälschung gestört wird und das Wort auch selber ersetzen kann.– Die Partnerin oder der Partner löst diese Aufgabe.

Hinweis: Einfacher wird es, wenn die ersetzten Wörter im Anschluss an den Text aufgelistet werden.

Beispiel: Der Axtdieb (Lesebuchtext, aus dem Chinesischen)

Ein Mann hatte seine Axt verloren und vermutete, dass der Sohn des Nachbarn sie ihm angemalt habe. Er beobachtete ihn daher genau: sein Gang, sein Blick war ganz der eines Axtdiebes. Alles, was er tat, sah nach einem Gänsedieb aus.

Einige Zeit später fand der Mann zufällig die Säge unter einem Bretterhaufen. Am nächsten Tag sah er den Sohn des Gastwirts: sein Gang war nicht der eines Axtdiebes, auch sein Blick war nicht der eines Ladendiebs.

Ersetzte Wörter:

gestohlen – Axtdieb – Axt – Nachbarn – Axtdiebes

Klanggestaltung

| Gruppe Klasse | eigenst. geleitet | Kl. 2 – 9 |

Zum Vortragen vorbereitete Texte | Rezitationsformen C 1

Die Texte sind zum Vortrag vorbereitet, allenfalls auswendig gelernt worden. Was ändert sich, wenn Texte in unterschiedlicher Betonung, Stimmführung, Klangfarbe, Lautstärke … gesprochen werden?

Aufgabe
– Sprecht den Text wahlweise
  - laut und leise / schnell und langsam / pathetisch und ohne Gefühlsausdruck / selbstsicher und unsicher / polternd und weinerlich …
  - roboterhaft, theatralisch,
  - in eintönigem Singsang,
  - die Wortgruppen sehr hastig, aber mit längeren Pausen dazwischen.

– Variiert Tonlage, Rhythmus, Lautstärke, Betonungen und erprobt unterschiedliche Wirkungen.

– Entscheidet euch für eine Präsentationsform und übt diese (in der Gruppe) ein. Tragt die Texte vor und gebt einander Rückmeldungen darüber, was für Gefühle die unterschiedlichen Formen bei euch auslösen.

Zweck ist ein Erproben unterschiedlicher Wirkung verschiedener Intonationsmuster.
- *Wie wirkt die jeweilige Form?*
- *Was unterstützt die Aussage besonders gut?*
- *Welche Vortragsform widerspricht der Aussage?*
- *Wie verändert sich die Aussage durch unterschiedliche Klangformen?*

→ *Vgl. auch C 2: Vortrag in Rollen*

Vortrag in Rollen	**Gruppe** **eigenst.** **Kl. 3 – 9**
	Klasse **geleitet**
Zum Vortragen vorbereitete Texte	Rezitationsformen C 2

Die gut vorbereiteten (evtl. auswendig gelernten) Texte werden in unterschiedlichen Rollen vorgetragen. Dabei geht es darum, dass sich die Sprechenden möglichst gut in die vorgegebene Rolle einfühlen können.	*Die Aufgabe ist ähnlich wie die Ideen unter C 1, aber es steht weniger die Klanggestaltung als vielmehr die Rollenidentifikation im Vordergrund. Das Verfahren eignet sich für Texte, bei denen die direkte Rede vorherrscht und deutlich vom erzählenden oder erklärenden Teil getrennt ist. Wenn nötig sollen aufgeteilte Redeteile zusammengenommen werden:*
Aufgabe	
– Sprecht den Text	
• in Form einer politischen Wahlpropaganda	
• als Schelte einer Mutter an ihr ungezogenes Kind	
• als Rede, z.B. anlässlich einer Abdankung	
• wie ein Fußballtrainer, der seine Mannschaft anfeuert	
– Versucht es auch zu zweit als lockeres Gespräch zwischen Nachbarn (small talk), angereichert mit *nicht wahr / na also / finden Sie nicht auch? / eben, eben / nicht möglich …*	*«Ich verstehe nicht», sagte sie, «was du meinst»* → *«Ich verstehe nicht, was du meinst», sagte sie.*
Variante	
Rolle erraten: Man nimmt sich eine Rolle vor und spricht den vorgegebenen Text entsprechend. Können die Zuhörenden erraten, welche Rolle sich die Vortragenden vorgestellt haben?	

Chorlesen

	Klasse	eigenst. geleitet	Kl. 4 – 9

Texte, die sich für den gemeinsamen Vortrag eignen | Rezitationsformen | C 3

Das Lesen im Sprechchor lässt ein Bild der Schule aus früherer Zeit entstehen: 50 und mehr Kinder sagen gemeinsam die Verse (des Katechismus) her. Dabei ist die didaktische Idee nicht von der Hand zu weisen:
- Alle Lesenden sind aktiviert
- Sie unterstützen sich gegenseitig
- Die Lehrperson kann erkennen, wer besondere Schwierigkeiten hat.

Aufgaben
- Ein Text oder eine Textstelle wird von der Klasse gemeinsam im Chor gelesen.
- Zwei Chöre wechseln sich ab.
- Ein Text wird aufgeteilt für Einzelvortragende und Chor.
- «Parlatorium»: Die Schülerinnen und Schüler haben die Stühle auf die Tische gestellt, das Buch darauf. Sie stehen vor diesem Stehpult wie die mittelalterlichen Mönche: Jeder liest den Text in seinem Tempo halblaut vor sich hin, ohne auf die anderen zu achten.

Für viele Kinder ist gemeinsames Lesen in Partnerschaft, Gruppe oder Klasse darum beliebt, weil sie aktiv mitgestalten können und nicht bloß zuhören müssen. Dabei fühlen sich besonders die schwächeren Leserinnen und Leser durch die Anonymität, welche das Tun in der Gruppe gewährt, geschützt, während sie sich beim Allein-Vorlesen unangenehm exponiert fühlen.

Chorlesen erfordert sehr viel Anpassung, man muss die persönliche Art zu lesen zurückstellen – dies kann als Vorteil oder als Nachteil empfunden werden.

Stimmungen

| | Partner Gruppe | eigenst. | Kl. 1 – 9 |

Texte mit emotionalem Gehalt — Rezitationsformen — C 4

Jüngere Kinder erfassen einen Text eher gefühlsmäßig als über den Verstand. Hier geht es darum, die gefühlten Stimmungen beim Textvortrag auszudrücken.

Aufgabe
- Versucht euch bei der Lektüre der Stimmungen bewusst zu werden, welche der Text bei euch auslöst.
- Haltet im Text solche Gefühle durch Markieren, durch eure eigenen Zeichen oder Anmerkungen fest.
- Tragt einander nun euren Text so vor, dass der Partner oder die Gruppe die Stimmung herausspürt. Die Zuhörenden sagen im Anschluss, was für eine Stimmung sie beim Vortrag wahrgenommen haben.

Diese Arbeit setzt ein vertrautes Klima in der Klasse voraus. Versuche mit dem Ausdruck von Stimmungen lassen sich am besten in Partnerschaften oder Kleingruppen durchführen.

Lesen und Erzählen

	Klasse	geleitet	Kl. 4 – 9
Längere Texte, auch Sachtexte, die vorgestellt werden sollen	Rezitationsformen		C 5

Diese Form wird vor allem dort eingesetzt, wo in kurzer Zeit ein Überblick über den Verlauf einer längeren Geschichte gegeben werden soll. Die zentralen oder besonders anschaulichen Passagen werden wörtlich vorgelesen, der Rest zusammenfassend erzählt.

Aufgabe
- Bereitet einen Text zum Vortragen vor. Überlegt euch dabei, welche Inhalte erzählt werden können und welche Textstellen im Original vorgelesen werden sollen.
- Erprobt, wie sich das Lesen vom Erzählen durch sprachgestalterische und gestische Mittel unterscheidet.

Das Verfahren eignet sich für ältere Schülerinnen und Schüler, die einander z.B. ihre Lieblingsbücher vorstellen. Es erfordert eine intensive Auseinandersetzung mit der Struktur der Geschichte (Was ist unverzichtbar? Was eignet sich besonders gut zum Vorlesen?).

Das Verfahren kann auch dort eingesetzt werden, wo unterschiedliche Texte (z.B. auch zu einem Sachthema) gelesen worden sind und man einander darüber informieren soll.

Musikalisch untermalen

Gruppe	eigenst.	Kl. 2 – 9

Texte, die emotional ansprechen   Rezitationsformen   C 6

Kinder erleben Geschichten ganzheitlich, mit allen Sinnen. Was liegt deshalb näher, als die Geschichten mit Geräuschen, Musik und Bewegungen zu verbinden? Das Verfahren eignet sich vor allem für Geschichten mit viel Bewegung und mit starken Empfindungen.

Aufgaben (Auswahl)
- Überlegt euch, durch welche Klänge und Geräusche die Wirkung des Textes verstärkt werden könnte. Markiert oder notiert im Text, wo es wie tönen soll, und bereitet ihn zum Vortragen entsprechend vor.
- Ein Text wird vorgelesen und die Zuhörenden untermalen die Situation laufend durch entsprechende stimmliche oder durch Schnipsen, Klatschen, Stampfen usw. erzeugte Gefühlsäußerungen („Hintergrundmusik").
- Eine Gruppe unterstützt den Textvortrag durch Instrumente, sowohl durch richtige Musikinstrumente wie auch durch selbstgebastelte Geräuscherzeuger.

Ein Beispiel dazu zeigt Josef Guggenmos im Lesebuch für die 2. Klasse, Knuddeldaddelwu (sabe Zürich 1996):

Wir liegen im Waldhaus in tiefer Nacht.
Da naht ein Trappeln:
Erwacht! Erwacht!
(Wir trappeln erst leise, dann laut)

Vorm Fenster stehen die Wölfe und heulen, alle zwölfe.
(Wolfsgeheul)

Noch zwanzig kommen dazu und helfen heulen. Hu!
(Noch mehr Geheul)

Jetzt sind es zweiunddreißig.
Wir zittern und bibbern fleißig.
(Bibbern und Zähneklappern)

Vertonen	Gruppe Klasse	eigenst. geleitet	Kl. 4 – 9
Vorbereitete Texte. Instrumente, Tonbandgeräte.	Rezitationsformen		C 7

Lieder sind gesungene Texte, und im Prinzip kann jeder Text zum Lied werden, also gesungen werden. Dabei greift man auf bekannte Melodien zurück oder improvisiert spontan eigene Tonfolgen.

Aufgaben (zunehmend anspruchsvoller)
- Verändert in einem bekannten Lied (Song) einzelne Textstellen.
- Könnt ihr auch eine eigene Liedstrophe erfinden?
- Versucht einen bestimmten Text zu einer gängigen Melodie zu singen.
- Findet zu einfachen bekannten Sprüchen (z.B. Abzählverse) eine eigene Melodie.
- Erfindet zu einem Gedichttext eine eigene Melodie.
- Wer wagt es, einen Prosatext nach eigener, spontaner Melodie zu singen?

Jüngere Kinder singen oft recht unbefangen, doch später haben sie oft zunehmend Hemmungen.

➜ *Als Vorlage können u.a. Werke von Brecht und Weill dienen.*

Rhythmisch variieren

| Gruppe | eigenst. | Kl. 4 – 9 |

Zum Vortragen vorbereitete Texte, insbesondere Gedichte

Rezitationsformen   C 8

Wie verändert sich die Botschaft eines Textes, wenn man ihn rhythmisch unterstützt, verändert oder wenn man ihn mit Rhythmusinstrumenten begleitet?

Aufgabe
- Tragt einen Text zunächst in jenem Rhythmus vor, der euch am passendsten erscheint.
- Tragt ihn schnell / leicht / unheimlich … vor.
- Gestaltet den Text als Rap.
- Sprecht ihn in der Robotersprache.
- Variiert die Stimmlage entsprechend dem Rhythmus von sehr hoch bis sehr tief.
- Teilt euch beim Vortragen auf, auch so, dass verschiedene Gruppen an unterschiedlichen Orten je in einer bestimmten Art oder in einem bestimmten Rhythmus sprechen.

- Findet weitere Varianten.

Eine vertiefte Auseinandersetzung mit einem Text kann dort beginnen, wo der Rhythmus gestört erscheint, wo er verfremdet worden ist.

Textvorschlag:
Goethe: Zauberlehrling

Drehen und wenden	Einzeln	eigenst.	Kl. 4 – 9
Sammlung von Redewendungen und Sprüchen	Rezitationsformen		C 9

Worte sind nicht Worte: Erst das richtige Zusammenspiel und die Präsentation vermitteln die bestimmte Bedeutung.

Aufgabe

Sammelt Redewendungen und Sprüche. Notiert sie an der Tafel oder auf Plakaten.
- Erprobt die Wirkung unterschiedlicher Vortragsweisen: Variiert dazu die Betonung, das Tempo, die Dynamik …
- Gestaltet vorwiegend mit dem Wortbestand einer Redewendung einen eigenen Text und tragt ihn vor.
- Weitet eine Redewendung zu neuen Aussagen und zu neuer Bedeutung aus.

Variationen zu

Der Krug geht zum Brunnen, bis er bricht.

Geht der Krug zum Brunnen, bis er bricht?

Bis er zum Brunnen geht, bricht der Krug.

Es geht und geht und geht der Krug zum Brunnen – bis er bricht.

Zum Brunnen, zum Brunnen zieht es den Krug
er geht – und bricht.

Zum Brunnen, zum Brunnen bricht der Krug auf – er geht!

Sein und Spenden – Kraft des Brunnens,
Gehen und Brechen – Schicksal des Krugs.

Hörbild, Hörspiel

| Gruppe Klasse | eigenst. geleitet | Kl. 5 – 9 |

Szenische Texte | Rezitationsformen | C 10

Ein Hörbild ist ein ausgearbeiteter Textvortrag mit unterschiedlichsten Gestaltungsmitteln. Einzelsprecher und Sprechchöre wechseln sich ab. Sie werden unterstützt durch Musik oder Rhythmen.

Das Hörspiel ist eine akustische szenische Präsentation, bei der die Alltagsgeräusche dazukommen. Der Text kann dabei festgelegt oder improvisiert sein.

Aufgaben

- Überlegt euch, wie die Situation des Textes als Hörbild / Hörspiel dargestellt werden könnte.
- Teilt die Arbeiten auf:
  – Sprecher, der in die Situation einführt
  – Darstellung der Geschichte in unterschiedlichen Formen
  – Musikalisch-rhythmische Untermalung, Geräusche usw.
- Erprobt verschiedene Spielweisen, bevor ihr Aufnahmen macht.

Hörbilder und Hörspiele eignen sich zur Aufzeichnung auf Tonband. Sie können von Gruppen oder Klassen für eine Aufführung vorbereitet werden. Die Lehrperson sollte die Gruppen beraten, ohne dabei die Eigengestaltung zu unterbinden.

Mimisch unterstützen

Gruppe Klasse	eigenst. Kl. 1 – 9

Zum Vortragen vorbereitete Texte | Darstellen | D 1

Die einfachste Form des darstellenden Spiels ist das Vortragen eines Textes durch mimische Unterstützung.

Aufgaben
- Überlegt euch, durch welche Mimik und Gestik die Wirkung des Textes verstärkt werden könnte. Markiert den Text entsprechend oder macht euch Notizen dazu.
- Erprobt unterschiedliche Wirkungen in der Gruppe. Entscheidet euch für eine bestimmte Form.
- Bereitet den Text zur Präsentation vor.
- Gebt einander Rückmeldung darüber, welche Gefühle die Präsentation bei euch auslöst.

Sich zu präsentieren löst anfangs oft Hemmungen oder Unsicherheit aus. In der Schule haben die Kinder sich zu äußern, zumindest einen Text vorzulesen gelernt. Die nächste Stufe ist die Klanggestaltung (vgl. Teil C: Rezitationsformen). Die Vorschläge in Teil D knüpfen hier an und führen weiter zum darstellenden Spiel.

Bewegtes Lesen

Einzeln	eigenst.	Kl. 1 – 9

Texte, die zum Bewegen einladen | Darstellen | D 2

Bewegung soll hier in einem doppelten Sinn verstanden werden: als innere Bewegtheit (Empathie) und als Körperbewegung.

Aufgabe (je nach Altersstufe)

Primarstufe:
- Durch Bewegungen, vorab mit den Händen, werden Texte (Sprüche, Gedichte, kleine Geschichten) begleitet.

Alle Stufen:
- Ein Text wird «durch den Raum getragen»: Er wird auf mehrere Schülerinnen und Schüler aufgeteilt, die nach geplantem Ablauf durch den Raum wandern, eilen, hüpfen, schleichen … und ihn in unterschiedlichen Positionen vortragen.
- Ein auswendig gelernter Text wird unterstützt durch Gestik, Mimik und Bewegungen vorgetragen.

Sekundarstufe:
- In Partnerarbeit wird ein Text derart vorbereitet, dass A den Text vorträgt, während B sich dazu – entweder frei oder nach einstudierter Form– im Raum bewegt, tanzt.
- Die Vortragenden wandern zusammen mit ihrem Publikum an unterschiedliche Orte, z.B. durch einen Park.

In der Regel genügt ein Impuls, ein Vorschlag, damit Kinder und Jugendliche Formen des 'bewegenden' und 'bewegten' Textvortrags selber erproben.

➙ *Literatur:*

Ein reichhaltiges Angebot von Versen und Gedichten mit Anregungen zu Bewegungen für die Primarstufe findet sich in:

Stöcklin-Meier S.: Eins, zwei, drei – Ritsche, ratsche, rei
Verlag Otto Maier,
Ravensburg 1987

Malen zu Texten	Einzeln Gruppe	eigenst.	Kl. 1 – 9
Texte, die innere Bilder hervorrufen können.	Darstellen		D 3

Gestaltende Ausdrucksformen wie Zeichnen, Malen, Bewegen und Tanzen eignen sich besonders gut, um eine Stimmung auszudrücken. Bei dieser Aufgabe soll das spontane und intuitive Malen etwas von der Stimmung des Textes festhalten. Hier geht es darum, anläßlich einer Textpräsentation Gefühle direkt in Bilder umzusetzen. Es ist günstig, den Text mehrmals vorzutragen, in der Regel so oft, bis die Bilder beendet sind.	*Zu einer Geschichte ein Bild zu malen ist wohl die früheste Form der Eigendarstellung von Textbedeutungen. Aufgaben dazu sind unter B 4 (Bedeutungsbilder) dargestellt.*
Aufgabe • Legt ein grosses Blatt Papier und Farben bereit. Hört dem Textvortrag konzentriert zu und malt dazu Formen und Farben. • Ihr könnt die Arbeit beim zweiten und dritten Abhören beenden. Es kann eine «Gemäldeausstellung» angeschlossen werden, bei der «Kunstexperten» sagen, was sie hinter den Werken der Künstler vermuten.	→ *Texte können gut auch vom Tonträger abgespielt werden.* *Vgl. dazu auch* *H 8: «Texte bildnerisch umsetzen»* *und* *K 1: «Schreiben zu Texten»*

Schreibbild

	Einzeln	eigenst.	Kl. 1 – 9

Texte, die sich bildlich darstellen lassen — Darstellen — D 4

In der «konkreten Poesie» wird die Wortbedeutung durch die Anordnung der Buchstaben und Wörter im Schriftbild ausgedrückt. Diese Idee wird hier aufgenommen: Die Schülerinnen und Schüler sollen mit der Textform zeichnerisch spielen. Wenn das für sie Wichtige entsprechend hervorgehoben wird, wird das Schreibbild zu einer bildnerischen Interpretation des Textes.

Aufgaben
- Gestaltet mit einem für euch wichtigen Text ein Schreibbild. Dies geschieht, indem die Buchstaben, Wörter und Sätze so angeordnet werden, dass ein Bild entsteht, welches die Bedeutung des Textes zur Geltung bringt.
- Hängt eure Texte aus und tragt sie einander anläßlich der Vernissage vor.
- Diskutiert die Lösungen unter der Frage: Wie bringt ein Schreibbild die Aussage besonders deutlich zum Ausdruck?

Besonders Kinder im Primarstufenalter gewinnen einen sehr persönlichen Zugang zu Texten, die sie selber als Schreibbild gestalten. Die erste Stufe ist es, den Text, der einem wichtig ist, zu verzieren. Bald aber sollen Texte durch eine neue Schreibgestaltung in eine eigene Form gebracht werden.

Anregungen für Wortbilder, Figurentexte und Satzbilder sind in «10x10 Spiele für den Sprachunterricht» Teil K (Konkrete Poesie) publiziert.

Erzählkino		Gruppe	eigenst.	Kl. 1 – 9
Papierrollen, z.B. Tapeten		Darstellen		D 5

Beim Erzählkino werden die Szenen einer Geschichte als Bildfolge auf eine Papierrolle gezeichnet oder gemalt. Die Rolle lässt sich links und rechts um einen Stecken wickeln und bei der Präsentation wie ein Film Bild um Bild abwickeln.
 	
Aufgabe
• Zeichnet und malt die Episoden eurer Geschichte fortlaufend auf die Papierrolle.
• Übt den Vortrag eurer Geschichte ein, so dass das Zusammenspiel funktioniert und das Ganze etwas theatralisch wirkt:
  – Teilt euch auf in Erzähler und Bildpräsentatoren.
  – Wo steht der Erzähler, der (evtl. mit einem Zeigestock) auf das Bild hinweist, damit er das Bild nicht verdeckt? (Oft muss er sich geschickt hin und her bewegen.)
  – Achtet besonders auf das Zusammenspiel von Wort und Bild.
	Formen des Erzählkinos kennt man von der Basler Fasnacht: Dort werden beim Singen der Schnitzelbänke zu jedem Sujet die entsprechenden «Helgen», also Bilder gezeigt.
	
	"Erzählkino" kann auch mit Flip Chart oder mit einer Reihe von Zeichnungen und Bildern veranstaltet werden.

Rhythmus und Bewegung

	Gruppe / Klasse eigenst. Kl. 1 – 9

Evtl. Rhythmusinstrumente | Darstellen D 6

Wir unterstellen Texten einen eigenen Rhythmus. Bei dieser Aufgabe geht es darum, diesen aufzuspüren und herauszuarbeiten. Er kann durch eigene Rhythmusgestaltung und duch Bewegung oder durch entsprechende Instrumente (z.B. Orff-Instrumente) unterstrichen werden.

Aufgaben
- Unterstützt den Textvortrag durch Bewegung des Oberkörpers und durch Klatschen oder Fingerschnipsen links und rechts.
- Sprecht den Text dazu in einer eigenen rhythmischen Gestaltung, auch mit Synkopen oder swingend.
- Tragt euern Text an Ort tanzend vor (wie eine Gruppe Afrikaner).
- Unterstützt den Vortrag durch Rhythmusinstrumente (Orff).

Wir sitzen zu viel, wir bewegen uns zu wenig: Dieser Vorwurf trifft vor allem die Schule, die den Kindern oft nicht erlaubt, ihr Bewegungsbedürfnis zu befriedigen. Warum sollen wir nicht auch im Umgang mit Texten versuchen, dort, wo es sich anbietet, zu vermehrtem Bewegen anzuregen?

Kommentieren	**Partner Gruppe**	eigenst.	Kl. 5 – 9
Texte, die zu Kommentaren Anlass geben	Darstellen		D 7

Wer einen Kommentar abgeben will, muss mitdenken. Ein solches geistiges Engagement ist denn auch das Ziel dieser Spielform.

Aufgaben
- Am besten beginnt man damit, dass man in einen Text hinein Kommentare schreibt: Einfälle und Gefühle, passende oder unpassende, in der Regel aber möglichst witzige.
- Beim Textvortrag werden nun diese Kommentare an geeigneter Stelle mitgelesen.
- Spielerisch wird es als Partner- oder Gruppenaufgabe:
A trägt den Text vor,
B gibt die Kommentare (evtl. auch mit mehreren Kommentierenden)
- Für fortgeschrittene Gruppen: Jemand liest einen noch nicht bekannten Text vor, die Zuhörenden kommentieren laufend, ohne allerdings den Vortrag zu sehr zu beeinträchtigen.

Für erfahrenere Leserinnen und Leser kann es reizvoll sein, Kommentare aus einer bestimmten Rolle heraus abzugeben: als Alternativer, als Nörgler, als Vertreter des Establishments ...

Textbeispiel:

Kästner E.: Im Auto über Land

Eingreifen

	Gruppe eigenst.	Kl. 6 – 9
Texte mit markanten Figuren und Situationen	Darstellen	D 8

Die Aufgabe ist eine Erweiterung der Idee des Kommentierens (vgl. Aufgabe D 7). Aber hier greift man in die Geschichte ein, gestaltet sie mit oder schreibt sie um. Witzig wird die Aufgabe, wenn verschiedene Gruppen zu demselben Text ihre eigenen Gestaltungsvorschläge vortragen.

Aufgaben (wahlweise)
- Versetzt euch in eine der Hauptfiguren. Unterstützt sie in ihrem Handeln oder Argumentieren, in ihrem Tun durch eigene Ideen.
- Führt neue Figuren ein, welche die Figuren des Textes unterstützen oder sie auch behindern.
- Beschreibt und bewertet als außenstehende Beobachtende das Geschehen. Stellt Fragen nach der Rechtmäßigkeit des Handelns, nach der Ethik und Moral der Handelnden usw.

Am Schluss kann die bearbeitete Fassung mit der originalen verglichen werden. Was hat sich verändert? Wird die veränderte Fassung der ursprünglichen Absicht des Autors noch gerecht?

Diese Art der Stellungnahme zu Texten verlangt zwar eine intensive Auseinandersetzung mit Inhalt und Form. Aber sie ermöglicht eine persönliche Distanz durch eine Art Probehandeln, bei dem man seine eigene Position nicht aufdecken muss bzw. unterschiedliche Positionen erproben kann.

Gute Erfahrungen haben wir mit gefühlsstarken realistisch wirkenden Texten gemacht, z.B. mit den Kriegstexten von Borchert oder Brecht.

Dramatisieren

	Gruppe Klasse	eigenst. geleitet	Kl. 1 – 9
Texte, die sich zur szenischen Darstellung eignen	Darstellen		D 9

Jede Geschichte enthält in irgend einer Form Elemente, die sich für eine szenische Darstellung verwenden lassen. Es gibt aber Texte, die sich zum Aufführen direkt anbieten, weil ihnen eine spannende oder lustige Handlung zu Grunde liegt.

Aufgabe (Auswahl)
- Stellt eine Szene aus dem Text als Stegreifspiel dar.
- Entwerft anhand des Textes eine Szene. Haltet dabei das Wichtigste in Stichworten fest. Formt daraus für das Spiel spontan Dialoge und übt die Szene für die Vorführung.
- Schreibt im Anschluss an die Lektüre eine Szene für die dramatische Darbietung. Lernt die geschriebenen Texte auswendig, übt die Szene ein und führt sie auf.

Kinder vom dritten bis etwa zum sechsten Schuljahr spielen in der Regel Szenen ohne Hemmungen direkt (Stegreifspiel). Später zeigen Jugendliche oft Hemmungen, wenn sie sich präsentieren müssen. Diese können abgebaut werden, wenn die Szene besonders spielerisch oder witzig erlebt wird oder der Text gelernt werden kann.

Pantomime

| | Partner Gruppe | eigenst. geleitet | Kl. 1 – 9 |

Vorbereitete Szenen — Darstellen — D 10

Grundlage sind Episoden, kurze Geschichten oder Szenen aus längeren Geschichten, die man gelesen oder erzählt bekommen hat.

Aufgaben (zunehmend anspruchsvoll)
- Fühlt euch in eine Figur ein: Wie schaut sie drein? Wie ist ihr Gesichtsausdruck, ihre Körperhaltung?
- Ahmt die Tätigkeit, die in einer bestimmten Szene beschrieben worden ist, nach.
- Stellt eine kurze Szene allein pantomimisch dar.
- Stellt zu zweit eine kurze Szene dar, geht aufeinander ein.
- Spielt als Gruppe eine ganze Szene vor. Eine erzählende oder kommentierende Person kann die Geschichte im Hintergrund lesen oder erzählen und so durch die Handlung führen.
- Reine Pantomime: Können die Zuschauenden erkennen, um welche Szene, welchen Inhalt es sich handelt?

Wichtig scheint uns, dass im Anschluss über die Wirkung der Vorführungen gesprochen wird.

Einen Text pantomimisch zu interpretieren ist nicht bloßes Spiel im Sinne von Zeitvertreib. Es geht dabei vielmehr darum, sich durch das Einfühlen in die Personen und in die Umstände der Handlung vertieft mit einem Text auseinander zu setzen.

➔ *Vgl. auch 10x10 Spiele für den Sprachunterricht:*
 B 3: «Scharaden»

Gliederung finden

| Einzeln Klasse | eigenst. geleitet | Kl. 1 – 4 |

Vorbereitete Textvorlage   Einblicke in die Grammatik   E 1

Bei dieser Spielform wird ein Text derart aufgeschrieben, dass die üblichen Wortgrenzen verschoben werden.

Aufgabe

Findet die ursprüngliche Gliederung und lest den Text in dieser Fassung vor.

Beispiel:

A ufe inerwi esesch läf te inri ese,
ersch läftsch onse itsi eben undsi eb zigjah ren,
e inra beni stet inse in enha aren,
inse in erna sewohn te insch af.
Weck tihnnich taufa usse inemsch laf!

(aus Knuddeldaddelwu, Lesebuch 2. Schuljahr, sabe, Zürich 1996)

Variante

⇢wIRZEICHNENEINEWÖRTERSCHLANGE.KANNSTDUSIELESEN?

Die ungewohnte Schreibweise zwingt die Kinder zum genauen Lesen, teilweise gar zum Lautieren. Solche Texte können darum als Korrekturübung für "Schnelldeuter" eingesetzt werden, also für Kinder, die die Bedeutung aus wenigen Textmerkmalen erraten. Bei dieser Aufgabe müssen sie genau lesen.

Die Sinnentschlüsselung gelingt einerseits, wenn die Wortgrenzen erkannt worden sind, andererseits aber auch, wenn der Text flüssig-verschleifend gelesen wird.

In Klassen, die mit Computern arbeiten, können die Schülerinnen und Schüler solche Aufgaben für einander selber vorbereiten. Sie gewinnen dabei u.a. Einsichten in den Wortaufbau.

Operationale Verfahren

Partner Gruppe | eigenst. geleitet | Kl. 5 – 9

Texte, die sich für linguistische Proben eignen | Einblicke in die Grammatik   E 2

Linguistische Operationen oder Proben ermöglichen einen Einblick in die Grammatik, in die Struktur der Sprache. Sie erlauben auf diesem Weg darüberhinaus oft ein vertieftes, zumindest aber ein neues Textverständnis.

Weglassen und erweitern
- Reduziert einen Text bis auf die Wörter, die für das Verständnis unabdingbar nötig sind.
- Wie tönt ein Text, wenn ihr jedes zweite (dritte …) Wort weglasst? Welche Wörter sind unverzichtbar für das Verständnis?
- Erweitert den Text durch Adjektive; durch Nebensätze usw.

Umstellen
- Stellt die Sätze um. Sprecht über die Wirkung.

Ersetzen
- Ersetzt Nomen durch Pronomen und umgekehrt.
- Ersetzt Nebensätze durch Satzglieder und umgekehrt.

Wichtig ist, dass über die Ergebnisse gesprochen wird: Wie verändert sich die Textwirkung durch die operativen Eingriffe?

Operationale Verfahren sind für den Grammatikzugang entwickelt worden: Es sind eingespielte Such- und Bestimmungsverfahren, mit deren Hilfe man zu grammatischen Aussagen kommen kann:

WENN FLIEGEN HINTER FLIEGEN FLIEGEN, FLIEGEN FLIEGEN FLIEGEN NACH.

Die Ersatzprobe lässt erkennen, wo es sich um Nomen (und in welchem Kasus) und wo um Verben handelt:

Wenn (die) Flugzeuge hinter (den) Flugzeugen fliegen, fliegen (die) Flugzeuge (den) Flugzeugen nach.

Paraphrasieren

Gruppe	eigenst.	Kl. 4 – 9

Poetische Texte

Einblicke in die Grammatik E 3

Beim Paraphrasieren werden sprachliche Äußerungen mit anderen Worten umschrieben. Aus Goethes *Über allen Gipfeln ist Ruh'* könnte eine Formulierung entstehen wie *Hoch über den Kämmen und Spitzen der Berge herrscht tiefe Stille ...*

Aufgaben

- Alle Mitglieder einer Gruppe suchen eine eigene Paraphrasierung desselben Textes. Am Schluss werden die Lösungen verglichen. Vergleich mit der Vorlage.
- Zu thematisch ähnlichen Texten schreiben die Schülerinnen und Schüler Paraphrasierungen. Diese werden ausgehängt oder vorgelesen.
  Wer findet heraus, zu welcher Vorlage die einzelnen Schülertexte gehören?
- In einem Satz werden zu allen Stellen mehrere Alternativen gesucht und in einer Liste notiert. Jetzt werden alle Lesarten erprobt und diskutiert.

Ziel ist die Sensibilisierung für unterschiedliche Wirkungen sprachlicher Formulierungen.

Aufgaben dieser Art eignen sich für die selbständige Arbeit im Rahmen von Werkstatt- oder Wochenplanarbeiten.

Satzbauspiele

	Einzeln Gruppe / eigenst. / Kl. 5 – 9
Einfache bekannte Texte, z.B. Lesebuchtexte.	Einblicke in die Grammatik E 4

Ein Text wird umgeschrieben, indem ausschließlich die Struktur der Sätze verändert wird; Inhalt und Wortwahl sollen möglichst weitgehend erhalten bleiben. Zumindest soll die Bedeutung nicht verändert werden.

Aufgaben
- Schreibt den Text in möglichst vielen kurzen Sätzen auf.
- Schreibt den Text in möglichst wenig Sätzen auf.
- Baut alle Sätze des Textes gleich:
  Z.B. Subjekt – Verbalteile – Objekt
  oder immer mit Adverbialien beginnend usw.
- Nehmt in jedem Folgesatz Bezug auf die Aussage im vorhergehenden.
- Beginnt alle Sätze mit einer Konjunktion.

Wer findet weitere Satzbauregeln, mit denen der Text umgestaltet werden könnte?

Beispiel: Stereotyper Satzbau Subjekt - Objekt - Adverbiale:

Gott schuf Himmel und Erde am Anfang.

Die Erde war wüst und leer.

Der Geist Gottes schwebte auf dem Wasser.

Gott sprach: Es werde Licht.

Es ward Licht.

Gott schied das Licht von der Finsternis.

Er nannte das Licht Tag und die Finsternis Nacht.

Es wurde aus Abend und Morgen der erste Tag.

Auftrag: Formt daraus einen gut lesbaren Text. Vergleicht eure Fassung mit derjenigen der Bibel.

Interpunktitis

| | **Einzeln Gruppe** | eigenst. | Kl. 4 – 9 |

Texte ohne Satzzeichen — Einblicke in die Grammatik   E 5

Mit den Satzzeichen lässt sich (auch) spielen.

Aufgaben (Ideenliste)
- Ein Text – er darf auch komplexe Satzstrukturen und direkte Rede enthalten – wird ohne Satzzeichen vorgelegt. Diese müssen in Einzelarbeit eingesetzt werden. Am Ende vergleichen Partner oder Gruppen die Lösungen untereinander und mit dem Originaltext.
- Wie oben, aber man erhält zum Text eine Liste der ausgeschnittenen Satzzeichen. Aufgabe: Originaltext (oder sonst eine mögliche Fassung) unter Verwendung aller Zeichen wiederherstellen.
- Verändert in einem Text möglichst viele Satzzeichen. – Wie verändert sich die Textaussage dadurch?
- Schreibt einen Text so um, dass er möglichst wenige (möglichst viele) Kommas enthält.
- Sucht Sätze, bei denen die Kommasetzung nicht eindeutig ist. Legt sie dem Partner oder der Partnerin zur Lösung vor. Natürlich habt ihr diese vorher studiert.
- Mit der Zeichensetzung lässt sich auch experimentieren: Erfindet eine neue, erstmalige Form der Interpunktion, um Ausdruck und Gliederung eines Textes zu unterstreichen.

Erfahrene Schülerinnen und Schüler können die Texte für diese Aufgabe für einander selber vorbereiten.

➜ *Setzt die Kommas:*

Wenn möglich erledigen wir den Auftrag falls nicht heute so doch morgen denke ich so dass Sie die Ware sagen wir spätestens am Freitag so gegen Abend sicher haben.

Tempus verändern

Einzeln | **eigenst.** | **Kl. 6 – 9**

Sprüche, Merksätze, Lebensweisheiten …

Einblicke in die Grammatik E 6

Wer das Bekannte verändert, beginnt es zu hinterfragen. Dies ist der semantische Zweck dieser Aufgabe. Das grammatische Ziel ist es, auf spielerische Art mit den Tempusformen umgehen zu lernen.

Aufgabe
Nehmt unterschiedliche Kurztexte, auch Sprüche oder Gedichte, und setzt sie in andere Tempusformen.

Beispiel: Wer andern eine Grube gräbt, fällt selbst hinein.

- Wer andern eine Grube grub, fiel selbst hinein.
- Wer andern eine Grube gegraben hat, ist selbst hinein gefallen.
- Wer andern eine Grube gegraben hatte, war selbst hinein gefallen.
- Wer andern eine Grube graben wird, wird selbst hinein fallen.
- Wer andern eine Grube grabe, falle selbst hinein.
- Wer andern eine Grube grübe, fiele selbst hinein.
- Wer andern eine Grube graben würde, würde selbst hinein fallen.
- Wer andern eine Grube gegraben habe, sei selbst hinein gefallen.
- Wer andern eine Grube gegraben hätte, wäre selbst hinein gefallen.
- Wer andern eine Grube gegraben haben würde – *doch jetzt reichts!*

Ergibt sich aus den Unterschieden auch eine unterschiedliche Aussage? Verwendet die einzelnen Formen in einem größeren Zusammenhang.

In einem modernen Grammatikunterricht werden sprachliche Phänomene, besonders Auffälligkeiten, dargestellt, gesammelt, verglichen, beschrieben und schließlich auch benannt. Die Einordnung in Kategorien (Wortarten, Tempusbezeichnungen, Satzglieder usw.) hat nicht vorrangigen Stellenwert. Dieser Auffassung kommen operative Aufgaben mit Texten entgegen.

Aussageweise modifizieren

| | **Partner Gruppe** | eigenst. | Kl. 5 – 9 |

Texte, die über Geschehnisse berichten, z.B. aus Zeitungen

Einblicke in die Grammatik E 7

Die Aussageweisen drücken aus, wie die Sprechenden oder Schreibenden zu dem stehen, was sie aussagen. Wer im Indikativ berichtet, ist in der Regel von der Richtigkeit überzeugt. Konjunktiv I benützt man für Vermutetes und Konjunktiv II für die Gedanken Dritter.

Aufgabe

- Nehmt einen im Indikativ verfassten Bericht und schreibt ihn im Konjunktiv I. Am besten stellt man sich dabei vor, der Bericht werde von jemandem erzählt. (Konjunktiv I wird vor allem in der indirekten Rede verwendet.)
- Übertragt einen Bericht in den Konjunktiv II. Diese Aufgabe ist etwas schwieriger, weil man hier oft zwischen der einfachen Verbform und der Verbindung mit *würde* wählen kann. Überlegt, welche Gründe für die eine oder andere Form sprechen.

Spielform als Partneraufgabe:

Jeder übersetzt einen Text in eine andere Aussageweise. Dann werden die neuen Texte getauscht und in die alte Form zurück übertragen. Am Schluss werden die bearbeiteten Texte mit dem Original verglichen.

➜ *In der Regel sollte die "würde-Form" nur anstelle ungebräuchlicher starker Verbformen oder bei Formen, die sich nicht vom Indikativ unterscheiden, verwendet werden:*

- *Du würdest dadurch dich selbst betrügen (statt betrögest)*
- *Wenn ich sie nur besser kennen würde (statt kennte)*

Dialekt

Gruppe Klasse / eigenst. geleitet / Kl. 6 – 9	

Texte wie kleine Ansprachen, Gespräche, Aufrufe usw. | Einblicke in die Grammatik E 8

Geschriebenes unterscheidet sich von gesprochenem Deutsch vor allem in Bezug auf den Satzbau. Wird ein Text in Dialekt aufgeschrieben, übernimmt man oft auch die mündlichen Satzkonstruktionen.

Aufgabe

- Erzählt eine Begebenheit in Mundart und zeichnet sie mit dem Tonbandgerät auf.
- Schreibt den gesprochenen Text in Schriftdeutsch auf. Vergleicht eure Fassungen.
- Schreibt den Text in Mundart auf und vergleicht die Schreibweise der Wörter. (Unterschiedliche Dialekte beachten!)

Daran lässt sich ein Gespräch über die Schreibweise der Wörter und Silben anknüpfen:

– Wie werden die lang gesprochenen / die kurzen Vokale in den Silben verschriftet?
– Wie werden einzelne Vokalfärbungen dargestellt?

Ein wichtiger Effekt dieser Aufgabe im Umgang mit Texten ist der Einblick in Rechtschreibregeln. Zu beachten ist, dass es für die Dialektverschriftung keine Normen gibt. So kann man Längen auch durch Vokalverdoppelung kennzeichnen:

- *Nöö, nur eene …*
- *Da isch wääger scho soo …*
- *Äär glaubt üüs das niid …*
- *Das khammer nadüürleg ned so saage*

Partikeln

Partner Gruppe | **eigenst. geleitet** | **Kl. 6 – 9**

Texte mit dem Charakter von Berichten | Einblicke in die Grammatik   E 9

Partikeln sind Wörter, die man nicht deklinieren oder konjugieren kann. Je nach ihrer Verwendung werden sie als Konjunktion, Präposition, Interjektion oder Adverb bezeichnet. Oft schaffen sie den Zusammenhang in einem Text.

Aufgabe
- In einem Text sollen die Partikeln erkannt und bezeichnet werden.
- Ersetzt sämtliche Partikeln durch andere: Wie verändert sich der Text?
- Welche Partikeln kann man weglassen?
- Fügt möglichst viele neue Partikeln in den Text ein.

Jede Aufgabe lässt sich auch mit den einzelnen Kategorien der Partikeln lösen.

Beim Spiel mit den Konjunktionen lassen sich Fragen des Textzusammenhalts (Textkohärenz) studieren.

Für untere Klassen lässt sich die Aufgabe vereinfachen: Aus einem Text werden die Partikeln herausgeschrieben und an ihrer Stelle Lücken gelassen. Die Aufgabe besteht darin, aus der Liste die geeigneten Partikeln auszuwählen und in den Text einzufügen.

Ersetzen

Einzeln / Gruppe — eigenst. — Kl. 5 – 9

Präparierte Texte — Einblicke in die Grammatik E 10

Grammatische Kategorien kann man bei der geeigneten Arbeit an Texten wie nebenbei erwerben.

Aufgaben (Ideen)
- In einem Text ist ein Teil der Nomen (oder Pronomen, Verben, Adjektive, Partikeln) herausgeschrieben und in einer Liste dem Text beigefügt worden. Fügt die Wörter wieder in die Lücken ein. Wem gelingt es, den ursprünglichen Text wieder herzustellen? Wer findet sonst eine stimmige Lösung?
- In einem Text sind an einigen zentralen Stellen Leerplätze ausgespart. Die Schülerinnen und Schüler untersuchen zunächst, was für eine Wortart an jeden Platz gehört. Daraufhin suchen sie selber geeignete Wörter für die Lücken.
- Präpariert in Partnerarbeit selber solche Texte und lasst die Aufgaben gegenseitig lösen.

Beispiel

Ich träume mir ein ...
da ... tausend Bäume,
da gibt ... Blumen, Wiesen, Sand
und keine ... Räume.
Und Nachbarn gibts, die ... sind,
und alle ... Kinder,
... wild wie du und ich,
nicht mehr und ... nicht minder.

Einzusetzen sind:

Nomen: Land
Verben: wachsen, haben
Adjektive: engen, freundlich
Pronomen: es
Partikeln: genauso, auch

Gattung wechseln

Einzeln	**geleitet**	**Kl. 4 – 9**

Texte unterschiedlicher Gattungen … Form verändern … F 1

Geschichten können in unterschiedlichen literarischen Gattungen erscheinen: als Märchen, Ballade, Gedicht usw. Beim Übertragen von der einen in die andere Gattung setzt man sich intensiv mit dem Text und mit den Anforderungen an bestimmte Gattungen auseinander.

Das Verfahren ist grundsätzlich auf allen Stufen möglich. Die Texte müssen allerdings sorgfältig der Stufe angepasst werden.

Aufgabe
- Erzählt den Inhalt einer Ballade oder eines anderen Gedichts in Prosa.
- Erzählt ein Märchen als eine wahre Begebenheit, über die in einer Zeitung berichtet werden könnte. Dazu werden die Figuren personifiziert: Rotkäppchen wird zu Margarita Meier aus Mühlbach usw.
- Fügt in eine Erzählung überall, wo es möglich ist, direkte Rede ein. Lasst dabei auch Informationen über das Aussehen der Personen, über Zeit und Ort, über Gedanken und Gefühle von den Figuren selber berichten.
- Führt die Geschichte als kleines Theater auf.
- Fasst die Botschaft eines Textes als 'Lebensweisheit' zusammen. Gelingt dies auch in einem Vers, sogar mit bestimmtem Rhythmus und allenfalls gereimt?

→ *Vgl. dazu auch Aufgabe K 6: «Textsortenwechsel»*

Nachahmen

	Einzeln Partner	eigenst.	Kl. 4 – 9
Stufenangepasste Vorbildtexte		Form verändern	F 2

Texte regen nicht nur zum Mitdenken an, sondern oft auch zur Nachahmung.

Vorbild und Nachahmungsaufgabe

- Vorbild: Hans Manz: *Zum Teufel, dieser Hahn weckt mich jeden Morgen um drei! – Warum drehst du ihn denn am Abend nicht zu?* Nachahmungsaufgabe: Sucht in Partnerarbeit mehrdeutige Wörter ('Teekesselwörter') und verfasst dazu einen Dialog nach dem Vorbild von Manz.
- Vorbild: Eva Rechlin: *Stellt euch vor, wir hätten keine Flaschenöffner mehr. Womit öffneten wir dann die Flaschen? – Stellt euch vor, wir hätten keine Taschentücher mehr. Womit tüchern wir dann die Taschen?* Nachahmungsaufgabe: Sucht in Partnerarbeit mehrteilige Nomen und erprobt sie mit dem Vorbildtext.
- Vorbild: Schildbürgergeschichten oder Eulenspiegelstreiche. Nachahmungsaufgabe: Lasst euch – auch in Partnerschaften oder Gruppen – zu eigenen Geschichten dieser Art anregen.

Beispiele

➜ *Das Schloss ist abgesperrt. – Dann versuche doch, durch ein Fenster einzusteigen!*

➜ *Stellt euch vor, wir hätten keine Werkzeugmacher mehr. Womit machten wir dann die Werkzeuge? – Stellt euch vor, wir hätten keine Zitronenfalter mehr. Womit falteten wir dann die Zitronen?*

Gegentext

	Einzeln Partner	eigenst.	Kl. 4 – 9

Texte, die ein klares Anliegen zum Ausdruck bringen — Form verändern — F 3

Wer einen Gegentext verfassen will, muss zuerst die Botschaft des Ausgangstextes genau studieren. Die Aufgabe bedingt also zunächst eine Auseinandersetzung mit der Textvorlage:
- Was ist seine zentrale Aussage?
- Welches sind die Schlüsselwörter?

Aufgaben
- Ersetze in einem Text die für die Bedeutung wichtigen Wörter durch solche, die das Gegenteil bedeuten.
- Verändert die Textvorlage so, dass sich die Botschaft ins Gegenteil verkehrt. Verändert dazu möglichst wenig: Manchmal genügt das Ersetzen eines einzigen Wortes.
- Verfasst einen Gegentext: Dieser nimmt zwar die Form, z.B. Struktur und Satzbau, der Vorlage weitgehend auf, aber die Textaussage vertritt eine Gegenposition.

Lest einander Original und Gegentext vor und sprecht über die unterschiedliche Wirkung.

Beispiel

Heinrich Wiesner: Nichts

Originaltext:

Danach befragt, was sie als alter Mensch tagsüber tue, antwortet die Frau: «Außer kochen, saubermachen, um den Block gehen, lesen, malen, zeichnen, musizieren eigentlich nichts.»

Gegentext:

Danach befragt, was sie als alter Mensch tagsüber tue, antwortet die Frau: «Ich koche, mache sauber, gehe um den Block, lese, male, zeichne und musiziere.»

Neue Helden

| | Einzeln Gruppe | eigenst. | Kl. 5 – 9 |

Texte mit typisierten Heldenfiguren — Form verändern — F 4

Eine Methode, sich intensiv mit den 'Helden', den Figuren einer Geschichte auseinanderzusetzen, ist es, sie in Frage zu stellen, sie anders handeln zu lassen bzw. sie durch alternative Figuren zu ersetzen.

Aufgaben
- Denkt euch int den Charakter ausgewählter Figuren der Textvorlage ein.. Überlegt dann, wie eine Person mit gegenteiligem Charakter denken und handeln würde. Erzählt die Geschichte mit euren neuen Helden.
- Verändert das Alter / den Beruf / das Geschlecht / die Herkunft / die soziale Stellung … der Hauptfigur eines Textes.
- Vertauscht die Charaktereigenschaften der Helden: der Böse wird gut, der Brave handelt gemein; der strahlende Held handelt linkisch; der Unmoralische tut Gutes und gibt sich besonders menschlich …

Beispiele

Hans im Glück kauft sich mit seinem Goldklumpen Haus und Hof, heiratet und führt ein bürgerliches Leben.
(… ob Hans dabei immer noch so glücklich ist?)

Der Fuchs in der Fabel von Äsop findet eine List, wie er doch noch an die süßen Trauben kommt. (Wie verändert sich damit der Sinn der Fabel?)

Umfeld verändern	Einzeln	eigenst.	Kl. 4 – 9
Einfache Geschichten mit klarem Orts- und Zeitbezug	Form verändern		F 5

Die Aufgabe schließt an die Ideen unter F 4 an, nur beschränkt man sich hier nicht darauf, die Figuren zu verändern, sondern man stellt den gesamten Text in einen neuen Zusammenhang.

Aufgaben
- Stellt die Geschichte in einem anderen Zeitalter dar.
- Wählt für die Geschichte ein anderes soziales Umfeld.
- Verlegt die Geschichte an einen anderen geografischen Ort.
- Verlegt die Geschichte in eine fiktive Welt (auf den Mars …)
- Macht aus der Geschichte ein Märchen / eine Legende / eine Sage …

Was verändert sich an den Geschichten, wenn ihre Bedingungen verändert werden?

Voraussetzung ist, dass man die Ausgangsgeschichte gut kennt. Je nach Erfahrung der Schülerinnen und Schüler werden die neuen Geschichten nach einer Vorbereitungszeit oder aber aus dem Stegreif erzählt.

Die Variationen lassen sich auch spielen (Teil D: Darstellen) oder aufschreiben (Teil K: Schreiben zu Texten.)

Übertreiben

| Einzeln Klasse | eigenst. geleitet | Kl. 4 – 9 |

Texte mit klar beschriebenen Figuren — Form verändern — F 6

Bei dieser Aufgabe wird in einer Geschichte alles übertrieben:
- Die gute Mutter wird zu einer herzensguten, sich aufopfernden Frau und erhält damit plötzlich feenhafte Züge.
- Der mürrische Chef wird zu einem wahren Despoten usw.

Aufgabe
- Denkt euch zunächst in die Textfiguren ein: Wie kann man sie beschreiben? Wie denken und handeln sie?
- Jetzt wählt ihr einige Figuren aus und steigert die Eigenschaften, mit denen ihr sie beschreiben könnt, soweit es möglich ist.
- Erzählt jetzt eure neuen Geschichten. Was ist euch zu den einzelnen Figuren eingefallen?

Diskutiert über die Art der Veränderungen.

Bei dieser Arbeit erkennen die Schülerinnen und Schüler oft schnell, wie ein Text ins Kitschige oder ins Absurde abdriftet, was aber gerade als besonders reizvoll erlebt werden kann.

Literarisches Beispiel:
Franz Hohler:
Die Rückeroberung
dtv TB 12008, München 1995

Spielverderber

Einzeln / Gruppe | eigenst. | Kl. 4 – 9

Am besten verwendet man bekannte Texte | Form verändern | F 7

Wer sich gewöhnt ist, handelnd in Texte einzugreifen, scheut sich auch nicht davor, einer Geschichte durch die Einführung eines «Spielverderbers» eine unerwartete Wendung zu geben. Dies geschieht etwa durch das Auftauchen neuer Figuren oder das Einführen eines neuen Ereignisses.

Aufgabe
- Überlegt euch, worin das Besondere der Geschichte liegt, vielleicht auch, was euch etwas belehrend und moralisierend vorkommt.
- Führt jetzt einen «Spielverderber» ein, eine Figur oder auch ein Ereignis, so dass die Geschichte eine neue Wendung bekommt.
- Am besten erarbeitet ihr eure eigene Fassung der Geschichte in der Gruppe und erzählt sie anschließend in der Klasse. Wenn alle Gruppen dieselbe Ausgangsgeschichte nehmen, könnt ihr zuletzt über die unterschiedlichen Lösungen diskutieren.

Am meisten Spaß macht diese Aufgabe, wenn man bekannte, allenfalls auch eher belehrende Texte wie Hebel-Geschichten, Märchen, aber auch Gedichte in eigenständiger (und eben auch respektloser) Art bearbeiten kann.

Zu Spielverderbern können auch unvorhergesehene Ereignisse werden.

Verfremden	**Einzeln Partner**	eigenst.	Kl. 4 - 9
Am besten verwendet man bekannte Texte	Form verändern		F 8

Beim Verfremden erzählt man eine bekannte Geschichte anders, d.h. man verstößt gegen die Erwartungen der Zuhörenden oder Lesenden. Das führt zu überraschenden Effekten.

Aufgabe
- Besprecht in der Gruppe, wie die Szenerie des Textes dargestellt ist. Ihr braucht euch nicht auf gemeinsame Bilder zu einigen.
- Als nächsten Schritt überlegt ihr euch zu einer oder mehreren ausgewählten Szenerien 'Gegenbilder' oder einen anderen Verlauf der Geschichte.
- Erzählt nun eure Geschichte neu aus der gewählten Sicht.

Am einfachsten ist es, mit bekannten Märchen zu arbeiten.

Beispiele

Rotkäppchen geht durch die Großstadt und begegnet – je nach Alter – den Verlockungen der Schaufensterauslagen oder dem Drogendealer.

Beim Froschkönig wagt es die Prinzessin nicht, sich gegen den Frosch zu wehren; sie bleibt unerlöst und muss sich ein Leben lang mit dem garstigen Frosch abfinden.

| **Perspektivenwechsel** | Einzeln | eigenst. | Kl. 6 – 9 |

Kurzgeschichten, Berichte, Balladen usw. — Form verändern — F 9

Eine Geschichte wird aus einer andern Sicht erzählt. Die Aufgabe, sich mit anderen Sichtweisen auseinanderzusetzen, veranlasst letztlich zu einer intensiven Auseinandersetzung mit einer Textvorlage.

Aufgaben
- Erzählt anstatt in Berichtform (vom Erzähler aus, in der 'Er-Form') aus der Sicht der Betroffenen, also in der 'Ich-Form' oder umgekehrt.
- Erzählt die Geschichte aus der Sicht des Unterdrückten /des Außenseiters … statt des Dominanten.
- Erzählt aus der Sicht außenstehender Beobachtender statt aus der Position der Beteiligten.
- Lasst die Geschichte bei uns spielen anstatt im fernen Land oder umgekehrt.
- Berichtet aus der Sicht eines Kindes statt eines Erwachsenen oder umgekehrt.
- Berichtet in der Zukunft anstatt in der Vergangenheit oder umgekehrt.

Die neue Fassung soll sich möglichst eng auf die Vorlage beziehen. Die Aufgabe sollte nicht Anlass zu völlig freiem eigenen Fabulieren werden.

Beispiel:

Theodor Fontane: John Maynard:
- *Was denkt und fühlt John Maynard während der Katastrophe auf dem Eriesee?*
- *Was steht im Bericht der Versicherung über das Unglück?*
- *Was würdet ihr auf den Grabstein für John Maynard schreiben lassen?*

Plagiat

	Gruppe Klasse	eigenst. geleitet	Kl. 4 – 9
Verschiedene Texte zum selben Thema		Form verändern	F 10

Ein Plagiat ist eine Nachahmung, also eine unrechtmäßige Aneignung von Gedanken und Ideen anderer.
Zu einem Thema werden den Schülerinnen und Schülern verschiedene Texte vorgelegt, sowohl literarische von unterschiedlichen Autoren, wie auch selber hergestellte, aber den literarischen nachempfundene.

Aufgaben

- Plagiate selber produzieren: Zu einem dichterischen Text verfassen Einzelne oder Gruppen «Konkurrenztexte». Originaltext und Konkurrenztexte werden vorgetragen oder – für den Aushang schön dargestellt – der Klasse schriftlich präsentiert.
  Wer findet heraus, welches der originale Dichtertext ist? Woran sind die Plagiate erkannt worden?
- Die Texte werden von der Lehrperson vorbereitet und der Gruppe oder der Klasse zur Diskussion vorgelegt.
- In einem Text wird nur ein Wort, ein Satz oder ein Abschnittt (in einem Gedicht eine Strophe) verändert. Erkennen die Zuhörenden diese?
- Gelingt es auch in Texten, vor allem in Gedichten aus früheren Epochen, z.B. bei mittelhochdeutschen Versen oder in einem Gedicht von Angelus Silesius?

Oft haben die Schülerinnen und Schüler das Gefühl: «Was dieser Dichter kann, könnte ich eigentlich auch.» Die Auseinandersetzung mit Original und Nachahmung kann ihnen die Augen öffnen für die Besonderheit der dichterischen Sprache.

Beispiel:
Welcher Text stammt von Goethe?

Das Leben ist kein Honigschlecken,
Ihr müsst euch rühren, mühn und strecken.
Nur wer sein redlich Brot erwirbt,
Verdienet, dass er nicht verdirbt.

Die Welt ist nicht aus Brei und Mus geschaffen,
Deswegen haltet euch nicht wie Schlaraffen;
Harte Bissen gibt es zu kauen:
Wir müssen erwürgen oder sie verdauen.
(Der zweite Text ist von Goethe)

Gedichte auswendig lernen	Einzeln	eigenst.	Kl. 1 – 9
Unterschiedliche Gedichte	Gedichte		G 1

Für und gegen das Auswendiglernen gibt es zahlreiche gute Gründe. Für viele bildet das «apprendre par coeur», das «Lernen mit dem Herzen», einen vertieften Zugang zu einem Text.
Hier werden verschiedene Methoden dargestellt, die zum Auswendiglernen führen.

Aufgaben (unterschiedliche Methoden des Auswendig-Lernens)
- Gestaltendes Lesen
  Ein Text wird in unterschiedlichen Gestaltungsformen mehrmals gelesen: laut – leise; schnell – langsam … Wie ist die Wirkung?
- Abdeckmethode (Auswischmethode)
  Beim halblauten Lesen werden Teile, die man bereits auswendig kann, abgedeckt bzw. an der Wandtafel ausgewischt.
- Wechselweise mit Partner
  Zwei Partner teilen einen Vortragstext auf. Sie lesen und rezitieren ihn so lange im Wechsel, bis sie ihn zusammen vortragen können.
- Bilder zu jeder Strophe
  Zu jeder Strophe eines Gedichts darf man sich eine Skizze als Gedächtnisstütze vorbereiten.
- Versanfänge
  Man darf sich die ersten Wörter eines Verses oder Abschnitts als Gedächtnisstütze notieren.

Die Methoden des Lernens sollen verglichen und diskutiert werden.

… und übrigens:

Warum kann man das Auswendiglernen nicht als freiwillige Hausaufgabe anbieten, evtl. als Wahlaufgabe unter anderen?

Oder könnte nicht ein längeres Gedicht, gar eine Ballade, von einer Gruppe selbständig beliebig aufgeteilt werden, so dass jedermann so viel übernehmen kann, wie er mag, allenfalls auch mehrere kurze Teile? Die Partner können einander beim Vortrag unterstützen.

Gedichte vortragen	Klasse	geleitet	Kl. 1 – 9
Vorbereitete Gedichte	Gedichte		G 2

Die unterschiedliche Bedeutung der Elemente eines Textes kann durch die Art des Vortrags hervorgehoben werden. Man kann aber durch unerwartete oder ungewohnte Vortragsformen auch die Auseinandersetzung mit einem Text anregen. **Aufgaben** (Auswahl) Tragt das Gedicht / den Prosatext / die Szene so vor: • wie ein ausgebildeter Sprecher: gut gesprochen, gut gestaltet • schnell und leise, aber sehr gut artikuliert • streng metrisch, allenfalls in «Robotersprache» • leiernd, gleichtönig • mit schwerer Zunge, wie ein Betrunkener • pathetisch, als salbungsvolle Predigt • unsicher, hastig, wie auf der Flucht (mit entsprechendem Blick) • wie ein Nachrichtensprecher / ein Sportreporter Tragt den Text in einer selber gewählten Rolle oder in einer vorgestellten Situation vor. Können die Zuhörenden erraten, woran ihr gedacht habt? (Vgl. auch C 1: Klanggestaltung)	*Kinder der Primarstufe präsentieren sich in der Regel ohne große Hemmungen. Für ältere Schülerinnen und Schüler ist es wichtig, dass die Übungen im Vortragen eine spielerische Komponente erhalten. Dies lässt sie allfällige Hemmungen leichter überwinden.*

Umgestalten	Einzeln Klasse	eigenst.	Kl. 4 – 9
Gedichte mit klarer Handlung, z.B. Balladen	Gedichte		G 3

Gedichttexte werden in Prosa oder in eine Szene übertragen.
Oder man verändert die äussere Form des Gedichts: Zeilenbrüche, Zeilengruppierungen, Zeilenabstand.

Aufgaben
- Schreibt die Situation, die Stimmung oder die Handlung eines Gedichttextes in eigenen Worten auf. Lest einander verschiedene Bearbeitungen desselben Ausgangstextes vor. Gibt es Unterschiede?
- Formt eine Ballade in ein Hörspiel um. Zeichnet dieses mit dem Tonbandgerät für andere auf, oder bereitet es für die szenische Darstellung vor.
- Löst die ursprüngliche Gedichtform auf, indem ihr den Text anders gliedert. Wie wirken unterschiedliche Schreibbilder?
- Stellt ein Gedicht in ausgewählten Schrifttypen, Schriftgrößen und Farben dar.

Bei allen Bearbeitungen stellt sich die Frage: Wie wirkt sich dies auf das Textverständnis aus?

Das Verändern eines Textes setzt eine vertiefte Beschäftigung damit voraus; es fördert das Textverständnis. Das Ergebnis ist eine Art Interpretationsvorschlag.

Darum sollen die Ergebnisse präsentiert und gemeinsam diskutiert werden.

Konkrete Poesie

	Einzeln Partner	eigenst.	Kl. 1 – 9

Geeignete Texte von Jandl, Gomringer, Bremer usw. | Gedichte G 4

Als konkrete Poesie bezeichnen wir Texte, vorab in Gedichtform, die nicht in erster Linie durch die semantische Wirkung der Wörter und Sätze Bedeutung erzeugen, sondern durch die optische Form der Präsentation: Sie stellen quasi den Inhalt, die Bedeutung durch die grafische Anordnung der Schrift augenfällig dar.

Aufgabe
- Stellt ausgewählte Wörter als Wortbilder dar.
- Lasst euch von den Autoren konkreter Texte zu eigenen Textbildern anregen.
- Tauscht eure Texte aus: Wer kann sie lesen?

wURMWURMMWURMWURMWURM

wÜRMCHEN wÜRMCHEN
  wÜRMCHEN wÜRMCHEN

➜ *Literatur:*
 konkrete poesie, reclam 9350

➜ *Vgl. dazu auch:*
 10x10 Sprachspiele, Teil K

Experimentelle Poesie

Texte: Jandl, Gomringer u.a.m.	Einzeln/Gruppe — eigenst. — Kl. 1 – 9 — Gedichte — G 5

In der experimentellen Poesie versucht man, durch einzelne Wörter, auch Dialektausdrücke, Wortbilder oder Wortgruppen (Texte) Wirkungen zu erzeugen.

Aufgabe
- Schreibt bestimmte Wendungen aus eurem Dialekt lautgetreu auf. Beispiel: EAUÄO (Berndeutsch: *Oh, was du nicht sagst!*)
- Gestaltet mit solchen Wendungen kleine Texte. Werden sie von den anderen verstanden?
- Verfasst experimentelle Texte mit speziellen Fachsprachen.

SCHWÄBISCH: **UMULMRUM**

NACH MENCHA NEI
NACH SEFLENGA NAUS
NACH SCHTURGERT NONTR
ENS ALLGAI NAUF
DILLER NAUF
NACH NEIULM NOM
ENS BOIRISCHE NIBER
NACH ELCHENGA NA
DONA NA

(Konrad Balder Schäuffelen)

Riinecher:
Of Basu abe?
Nei is Luzärnische-n-ie
oder of Züri use,
ämu ned of Böiu öbere.

Eine ähnliche Art des Umgangs mit Worten ist es, alle Wendungen und Redensarten rund um dieses Wort zu einem Klangbild zusammenzustellen.

Nase

sie führt ihn an der Nase rum
er macht ihr eine lange Nase –

Na-sen-boh-ren-Na-sen-boh-ren

verstopfte Nase, laufende Nase,
spitze Nase, schlechte Nase –

Na-sen-boh-ren-Na-sen-boh-ren

Nasenbein und Nasenloch
Nasenhöhle, Nasenflügel

Na-sen-boh-ren-Na-sen-boh-ren

Naseweis und rote Nase
Nasenstüber, Naserümpfen

(Schülertext)

Gedichte entflechten

| Einzeln Gruppe | eigenst. | Kl. 5 – 9 |

Präparierte Texte — Gedichte — G 6

Zwei oder mehrere Gedichttexte werden ineinander verschachtelt aufgeschrieben. Gelingt es, die Texte zu entflechten und die Originalgedichte wieder herzustellen?

Aufgabe
- Stellt aus der präparierten Vorlage, bei der zwei (ähnliche) Gedichte ineinander verflochten sind, die ursprünglichen Texte wieder her.
- Diskutiert darüber, was diese Arbeit besonders erleichtert oder erschwert hat.
- Stellt für eure Partnerin oder euren Partner aus zwei selber gewählten Gedichten eine verflochtene Fassung her.
- Gelingt die Aufgabe auch, wenn man mehr als zwei verschiedene Gedichte ineinander verflicht?
- Wer findet heraus, woher die Elemente stammen?
  Ordnet Verse, Sätze oder Wortgruppen aus mehreren ineinander verflochtenen Gedichten den Originaltexten zu. Diese liegen dazu vor.

Vgl. auch 10x10 Spiele für den Sprachunterricht,
F 8: Durcheinanderschütteln.

Beispiel:

In seinem Löwengarten,
Das Kampfspiel zu erwarten,
Saß Möros, den Dolch im Gewande.
Da fasst ihn die Mutter:
Du steigst mir nicht ein!
Da hast du meinen Stecken,
Entspring, geliebtes Kind!

Mix aus
- *Der Handschuh (Schiller)*
- *Die Bürgschaft (Schiller)*
- *Nis Randers (Ernst)*
- *Bettlerballade (Meyer)*

Gedicht wiederherstellen	**Einzeln Gruppe**	eigenst.	Kl. 5 – 9
Präparierte Texte	Gedichte		G 7

Der Gedichttext ist in Abschnitte, Sätze, Zeilen, Wortgruppen oder Wörter zerschnitten worden. Die Elemente sind in einer Liste dargestellt.

Aufgabe
- Versucht mit diesen Elementen ein Gedicht zusammenzustellen. Es ist nicht wichtig, die Originalfassung zu treffen, sondern unter Verwendung der vorgegebenen Elemente einen stimmig zusammenhängenden (kohärenten) Text zu gestalten..
- Wählt ein Gedicht aus und zerschneidet es so weit in Elemente, dass eure Partnerin oder euer Partner es wieder herstellen kann.

Die Teile müssen derart zerschnitten werden, dass eine gedankliche Auseinandersetzung mit der Textbedeutung nötig wird. Man darf nicht an der Form der Schnipsel erkennen, welche Teile zusammenpassen.

→ *Diese Aufgabe bedingt ein sorgfältiges Abwägen: Welche Elemente sind nötig, damit die Wiederherstellung möglich ist?*

Zeilenweise

	Einzeln Klasse	geleitet	Kl. 2 – 9

Verse und Gedichte, die der Klasse angepasst sind | Gedichte | | G 8

Man schreibt ein Gedicht Vers um Vers oder Zeile nach Zeile an die Tafel. Die Schülerinnen und Schüler stellen nach jedem Vers oder jeder Zeile Vermutungen darüber an, wie es weitergehen könnte. Sie notieren die Vorschläge für sich.

Aufgabe
- Sucht nach jedem Vers (jeder Zeile) eine Fortsetzung und schreibt sie auf.

Im Anschluss daran wird der nächste Teil des Originals präsentiert.

- Schreibt an eurem Text weiter, wobei ihr den Inhalt des Vorgabetextes mit zu berücksichtigen versucht.
- Am Ende soll jeder seinem Text einen passenden Titel geben und ihn vorlesen.

Am Schluss kann diskutiert werden, welche Textstellen zu bestimmten Gedanken geführt haben.

Das Verfahren regt dazu an, sich gestaltend mit einem literarischen Text auseinanderzusetzen.

Es geht bei dieser Übung nicht darum, dass die Schülerinnen und Schüler Aussage oder Form des Originaltextes erraten, sondern darum, dass sie sich von einem literarischen Textelement zu eigenen Vermutungen über den Fortgang anregen lassen.

Interkulturelle Poesie

| Einzeln Gruppe | eigenst. geleitet | Kl. 3 – 9 |

Gedichttexte zur Auswahl — Gedichte — G 9

Unsere Kulturen und Sprachen vermischen sich immer schneller. Das kann zum kreativen Umgang mit Elementen aus verschiedenen Sprachen anregen, z.B. nach dem Vorbild von Ernst Jandl.

Aufgabe
- Wählt ein Gedicht aus und überlegt, welche Wörter und Wendungen davon ihr in anderen Sprachen ausdrücken könnt. Die Schreibweise darf wie bei Jandl eingedeutscht sein.
- Bearbeitet den Text entsprechend.
- Lest einander die neuen Texte vor.

In den meisten Klassen gibt es Kinder unterschiedlicher Herkunft und Sprache. Es kann reizvoll sein, sie in Partnerschaften oder Gruppen «interkulturelle Poesie» herstellen zu lassen.

ich was not yet
in brasilien
nach brasilien
wulld ich laik du go

wer de wimen
arr so ander
so quait ander
denn anderwo

…

(Anfang des Gedichts «calypso» von Ernst Jandl; aus: Laut und Luise & verstreute Gedichte, Verlag Luchterhand, München 1997)

Reim und Rhythmus

Einzeln Klasse	eigenst.	Kl. 1 – 9

Einfache, bekannte Verse | Gedichte | G 10

Schon kleine Kinder sind in der Lage, zu einem vorgegebenen Vers einen zweiten zu finden, der in Reim und Rhythmus passt.

Aufgabe (der Stufe angepasst)
- *Eins, zwei, Lum-pe-rei …*
  – Was könnte statt *Lumperei* stehen?
  – Führt die Reihe weiter (*drei, vier …*), entweder mit bekannten oder mit selber gefundenen Reimen.
- *Es war einmal ein Mann / … Hund / … alter Hut*
  – Wählt den Anfang selber und schließt mit passendem Reim und Rhythmus an.
- *Ein Preuße namens Hildebrand …*
  Ein Berner namens Anton Bieri … usw.:
  – Wählt selber einen Gedichtanfang und verfasst ein eigenes Gedicht in dieser Art.
- In einem Reihengedicht soll eine zusätzliche Strophe gefunden werden. Beispiel eines Reihengedichts siehe Kommentarspalte.
- Studiert die Machart der Limericks und gestaltet selber einen! (Vgl. dazu 10x10 Spiele für den Sprachunterricht, F 9: Limerick)

Beispiel eines Reihengedichts, das zum Weiterfahren anregt:

In dieser Minute (Eva Rechlin)

*In der Minute, die jetzt ist –
und die du gleich nachher vergisst,
geht ein Kamel auf allen vieren
im gelben Wüstensand spazieren
und auf dem Nordpol fällt jetzt Schnee,
und tief im Titicacasee
schwimmt eine lustige Forelle.
Und eine hurtige Gazelle
springt in Ägypten durch den Sand.
Und weiter weg im Abendland
…*

…

(aus: Die Welt ist reich. Gedichtsammlung. Lehrmittelverlag des Kantons Aargau, 1982)

Erzählschritte

Einzeln / Gruppe	eigenst.	Kl. 3 – 9

Ungegliederte Texte. Stichwörter zu einer Geschichte. | Textstruktur erfassen | H 1

Texte sind dadurch gekennzeichnet, dass die Gedankenfolgen und Erzählschritte in einer stimmigen Folge dargestellt werden. Der innere Zusammenhalt (die Kohärenz) des Textes entsteht durch Verweise auf vorgängig Gesagtes, z.B. mit Hilfe von Pronomen: *dieser* … oder von Adverbien: *damals, dort* … usw.

Für die Aufgabe liegen Texte ohne Satz- und Redezeichen vor, evtl. gar in reiner Groß- oder Kleinschreibung.

Es ist ein Zeichen dafür, dass man einen Text verstanden hat, wenn man in der Lage ist, die Erzählschritte zu ordnen, den Text zu gliedern, Satz- und Redezeichen zu setzen usw.

Aufgabe
- Gliedert einen erzählten oder vorgelesenen Text dadurch, dass ihr zu jedem Erzählschritt einen Schlüsselbegriff oder einen Satz notiert.
- Lest einen ungegliederten Text mit sinnvoller Betonung vor oder schreibt ihn nach orthografischen Regeln und in sinnvolle Schritte gegliedert ab.
- Verfasst aus vorliegenden Stichwörtern eine Geschichte. Achtet dabei vor allem auf eine stimmige Verbindung der einzelnen Erzählschritte und auf den Bezug unter den Sätzen.
Vergleicht die unterschiedlichen Lösungen der gleichen Aufgabe.
- Bereitet für einander selber Aufgaben vor, bei denen Texte gegliedert und mit Satzzeichen versehen werden müssen.

➙ *Beispiel: Verfasst aus folgenden Gesprächsfetzen eine Szene oder eine Geschichte:*

Das glaube ich nicht! Das hätte mit Sven bestimmt gesagt! Ehrlich Melanie! Seine Schwester hat es gestern meiner Schwester erzählt. Und wann? Ende Schuljahr. Das ist ja schon bald! In fünf Wochen. So gemein! Wenn ich von hier fortziehen müsste: Ich würde abhauen und mich verstecken.

Lesespur

Einzeln	eigenst.	Kl. 2 – 5

Geschichten mit einem Plan, auf dem man den Weg verfolgen kann.

Textstruktur erfassen   H 2

Der Text einer handlungsreichen Abenteuergeschichte, die sich an unterschiedlichen Orten abspielt, wird abschnittsweise mit Ziffern versehen. Auf einer Planskizze kann der Weg der Hauptfigur verfolgt werden. In regelmäßigen Abständen erfolgt die Aufforderung dazu. Beispiel: *Hinter dem Bach läuft Zora links an zwei Büschen vorbei.* Folgen die Lesenden der Anweisung genau, erreichen sie eine Ziffer. Beim Abschnitt mit dieser Ziffer wird der Text weiter erzählt. Folgen sie dem falschen Weg, etwa *rechts* der Büsche, erreichen sie eine falsche Ziffer und werden zurückgeschickt: *Lies noch einmal genau, welchen Weg Zora nimmt!* usw.

Aufgabe

- Lest die Geschichte und folgt der Lesespur. Wer liest so genau, dass er das Ende ohne Umwege erreicht?
- Zeichnet von einer vorliegenden (evtl. selber erfundenen) Geschichte eine Lesespur-Planskizze. Stellt damit eine Lesespurgeschichte her und lasst sie von anderen lesen.

Lesespurgeschichten fördern das genaue Lesen für Primarstufenkinder in spielerischer Form.

Lesespurhefte sind u.a. beim Verlag Ernst Ingold AG Ch-3360 Herzogenbuchsee erschienen.

Lesespurhefte können auch selber hergestellt werden.

Stilvarianten

Einzeln / Gruppe	eigenst.	Kl. 2 – 9

Einfache Texte, die anschauliche Bilder vermitteln | Textstruktur erfassen | H 3

Man kann die Aussage eines Textes (das «Bezeichnete») beibehalten, aber den Stil, die Aussageweise (das «Bezeichnende») verändern:

Ich ging im Walde so für mich hin … wird z.B. zu *Ich spazierte einst duch den Wald … Ich schlenderte mal durchs Gehölz … Ich joggte lässig aufm Waldparcours …*

Man kann sich aber auch an eine Form anlehnen und den Inhalt, die Aussage verändern:

Über allen Gipfeln ist Ruh … wird zu
In allen Schulen ist Ruh … oder
Über allen Giebeln ist Russ … usw.

Aufgabe
- Übertragt einen Text in die Sprache kleiner Kinder / in Gassensprache / ins Amtsdeutsch.
- Macht aus einem lyrischen Gedicht einen Werbespot.
- Übertragt einen Fachtext oder einen juristischen Text in eine leicht verständliche Sprache.
- Übertragt einen Werbetext in eine neutrale Sachinformation und umgekehrt.

Schon Kinder sprechen mit Erwachsenen anders als untereinander. Es ist für sie reizvoll, solche Zusammenhänge zu entdecken und Rollen zu erproben.

Menschen gehen unterschiedlich mit dem gemeinsamen Wortschatz um. Wie man bestimmte Wörter wählt, wie diese verwendet und zu Sätzen verknüpft werden, zeigt, in welche soziale Rolle man schlüpft.

Kürzen / Ausschmücken

Einzeln Klasse	eigenst.	Kl. 3 – 9

Texte mit einer klaren Aussage | Textstruktur erfassen | H 4

Die Fähigkeit, die wesentlichen Aussagen eines Textes in knappen Worten wiederzugeben, soll ebenso geübt werden, wie das Ausschmücken einer einfachen Begebenheit zu einer farbigen Geschichte.

Aufgaben
- Reduziere eine Geschichte auf die unverzichtbar notwendigen Erzählschritte und erzähle oder schreibe sie in kurzen, einfachen Sätzen.
- Baue eine kurze Zeitungsnotiz zu einer ausführlichen, anschaulichen Geschichte aus.
- Schreibe zu einem kurzen Gedicht, das ein einfaches Bild darstellt, eine anschauliche Beschreibung.
- Untersucht Texte, auch Zeitungsartikel, daraufhin, ob der Titel oder das Lead (also die kurze zusammenfassende Einleitung) die wesentlichen Gedanken eines Textes enthält.
- Schreibt zu einem Bericht ein "Lead".

Lernende halten oft lange Aufsätze für grundsätzlich besser als kurze. Der Raum, den eine Botschaft oder Aussage braucht, hängt von vielen Faktoren ab, unter anderem von der Art des Textes, von den Vorerfahrungen der Lesenden mit der Thematik, von der Fähigkeit anschaulicher Darstellung durch den Erzähler usw.

Die Lernenden sollen hier darüber nachdenken, wie viele Wörter es braucht, um einen Sachverhalt zu übermitteln.

Cluster und Mindmap

	Einzeln	eigenst.	Kl. 4 – 9
	Textstruktur erfassen		H 5

"Cluster" dienen dazu, sich zu einem Thema Gedanken zu machen (Brainstorming) und diese in einer grafischen Darstellung festzuhalten. Man notiert das Thema auf der Blattmitte, die Einfälle dazu darum herum. Dann fasst man das, was zusammengehört, in Kreise und verbindet es untereinander. – Cluster sind in erster Linie Konstruktionshilfen.

Mindmaps stellen die Textstruktur und den Textverlauf grafisch dar, indem sie zentrale Begriffe in Kästchen notieren und diese dem Text entsprechend verbinden. – Mindmaps sind eher Analysehilfen. Sie sind besonders dann nützlich, wenn man sich Struktur und Inhalt von Texten (z.B. von Vorträgen) merken oder vergegenwärtigen will.

Aufgabe
- Stellt zu einer Geschichte, die euch vorgelesen oder erzählt wird, ein Mindmap her.
- Stellt einen vorliegenden Text in einem Mindmap dar.
- Entwerft, bevor ihr eine Geschichte erzählt oder aufschreibt, ein Cluster.

Kinder können schon früh Geschichten grafisch darstellen. Sie verwenden dann allerdings eigene Symbole, zeichnen Strichmännchen, Blumen, Tiere, Tannen, Häuser usw.

Rückwärtsgeschichte

Einfache Geschichte nach bekanntem Textmuster	Textstruktur erfassen

Einzeln / Gruppe — eigenst. — Kl. 6 – 9 — H 6

Wenn eine Textsorte gut bekannt ist, z.B. weil viele Beispiele dazu erarbeitet worden sind, kann man versuchen, eine Geschichte dieser Sorte vom Ende her zu entwickeln.

Aufgabe
- Von einer Geschichte wird das Ende vorgegeben (mündlich oder schriftlich). Dabei soll mindestens so viel Text vorgelegt werden, dass das Thema klar wird und die zentralen Figuren vorgestellt sind.
- Die Aufgabe besteht nun darin, das vorausgehende Stück Text zu erfinden und zu erzählen oder aufzuschreiben. Dabei sollte man darauf achten, nicht die ganze Intention der Geschichte, die man im Kopf hat, darzustellen, sondern lediglich *ein* weiteres Element der Geschichte.
- Jedermann erzählt oder liest reihum seine Version.
- Anschliessend wird dieser Teil, meist der Mittelteil der Geschichte, im Original vorgelesen oder als Text abgegeben. Daraufhin sollen die Schülerinnen und Schüler wiederum das vorausgehende Stück Text, z.B. den Anfang der Geschichte, erfinden.

Die Aufgabe ist anspruchsvoll. Es muss darauf hingewiesen werden, dass es nicht darum gehen kann, den «richtigen» Verlauf der Geschichte zu erraten, sondern einen aus dem vorliegenden Textstück begründbaren Anschluss zu finden.

Alter Text

| Einzeln / Gruppe | eigenst. geleitet | Kl. 6 – 9 |

Texte aus früheren Jahrhunderten — Textstruktur erfassen — H 7

Vom wolff und lemlin
Ein wolff und lemlin kamen on geferd/ beide an einen bach zu trincken/ Der wolff tranck oben am bach/ Das Lemlin aber fern unden/ Da der wolff des lemlins gewar ward/ lieff er zu yhm/ und sprach/ Warumb truebestu mir das wasser das ich nicht trincken kan/ …

Aufgabe

- Besprecht Verstehensschwierigkeiten und übersetzt die entsprechenden Stellen (on geferd = *ungefähr*, hier: *zufällig*)
- Übertragt den Text individuell in heutiges Deutsch.
- Lest einander eure Texte vor und diskutiert über unterschiedliche Lösungen.

Für diese Arbeit eignen sich Texte aus der Lyrik des Minnesangs (Walther von der Vogelweide), Luthertexte oder auch Texte aus dem 17., 18. und 19. Jahrhundert. Wichtig ist, dass sie in der alten Schreibweise vorliegen.

Quelle des Beispieltextes:

Martin Luthers Fabeln. Hrsg. W. Steinberg, Verlag Niemeyer

Text bildnerisch umsetzen

| Einzeln Klasse | eigenst. | Kl. 1 – 5 |

Textstruktur erfassen H 8

Die früheste und häufigste Form der Auseinandersetzung mit einem Text besteht auf der Primarstufe darin, zu einem Text eine Zeichnung oder ein Bild zu gestalten.

Aufgaben
- Eine Gruppe verteilt unter sich die Szenen eines Textes. Jedes Kind gestaltet das Bild zu seinem Teil der Geschichte.
- Eine Klasse illustriert ein ganzes Buch.
- Eine Handlung wird in eine Bildergeschichte umgesetzt, welche gezeichnet, gemalt, geklebt usw. wird.
- Zu einem Text wird geeignetes Bildmaterial aus Illustrierten herausgeschnitten und zu Bild-Collagen gestaltet.
- Eine oder mehrere der im Text vorkommenden Personen werden mit bildnerischen Mitteln dargestellt. Woran können sie erkannt und der Geschichte zugeordnet werden?
- Situationen eines Textes werden zu Kulissen gestaltet (z.B. in Schuhschachteln); die Figuren dazu können in dieser Kulisse der entsprechenden Szene gemäß aufgestellt werden.

Das Verfahren lässt sich auch als Spielform ausgestalten:

Von den in der Klasse oder in der Gruppe gelesenen Texten gestaltet jedes Kind ein Bild. Wer findet bei den ausgehängten Bildern heraus, um welche Geschichte es geht?

Text grafisch umsetzen

| Einzeln Gruppe | eigenst. | Kl. 4 – 9 |

Geschichten mit einfacher Handlung und klarem Verlauf — Textstruktur erfassen — H 9

Wenn man einen Text grafisch festhalten will, kann man sich an der Technik des Mindmappings. Zuerst wird die Struktur der zentralen Handlung durch Kästchen und Pfeile in die Blattmitte gezeichnet, dann alle anderen Bezüge darum herum (vgl. H 5) Hier geht es im Gegensatz dazu um die Aufgabe, einen Text als graphisches Bild mit Symbolen derart vorzustellen, dass er auf einen Blick erkannt werden kann.

Aufgabe

- Der Verlauf einer Geschichte wird mit zeichnerischen Symbolen dargestellt. Die Grafik kann auch Angaben über Personen, Orte, Distanzen … enthalten, wenn nötig auch Sprechblasen wie der Comic. Die ganze Geschichte sollte aber möglichst in einem einzigen Bild erkennbar sein.
- Lasst euere Grafik-Bilder von anderen, die die Geschichte auch kennen, deuten.

Das Verfahren lässt sich auch als Spielform ausgestalten:

Von den in der Klasse oder in der Gruppe gelesenen Texten gestaltet jedes Kind ein grafisches Bild. Wer findet bei den ausgehängten Grafiken heraus, um welche Geschichte es geht?

Collage	**Einzeln Gruppe**	eigenst.	Kl. 4 – 9
Kurze stimmungsvolle und anregende Texte, auch Gedichte	Textstruktur erfassen		H 10

Bei einer geschriebenen Collage notiert man Gedanken zu einem Text (allenfalls in grafisch unterschiedlicher Form) auf Zettel und Papierstreifen. Diese werden zu einem Schreibbild aufgeklebt bzw. (mit dem Computer) gestaltet.

Aufgabe
- Denkt und fühlt euch in den Text ein. Versucht Gefühle und Stimmungen wahrzunehmen. Stellt diese in Wort oder Bild dar und fügt die Teile zu einer stimmigen Collage zusammen.
- Performance, Gruppenvorführung: Ein Sprecher trägt den Text (allenfalls mehrmals und in unterschiedlicher Klangform) vor. Begleitstimmen äußern im Hintergrund die aufgeschriebenen Gedanken. Dazu wird die Collage gezeigt oder projiziert.

Als Produkte eignen sich Bilder, die den Originaltext in der Mitte zeigen, darum herum (in Worten und Bildern) die Gedanken, welche er ausgelöst hat.

Die Gewichtung der Gedanken kann durch unterschiedliche Schriftgröße, Farbe und Form hervorgehoben werden.

Laute verfremden

Klasse	geleitet	Kl. 1–5

Einfache Texte | Spielen mit Texten | I 1

Besonders Kinder, aber nicht nur sie, haben Spaß an «unsinnigen» Texten und damit an Aufgaben, die zu Sprachmustern führen, welche den Normen widersprechen.

Aufgaben
- i-Sprache: Alle Vokale des Textes werden als i gesprochen:
  Dri Chinisin mit dim Kintribiss, stindin if dir Strißi ind irzihltin sich wis.
- d – Sprache
  Jeder Vokal wird mit einem eingeschobenen d wiederholt:
  Edes wadar eideimadal eidein Madann.
- Die Wörter eines Textes werden übertrieben gedehnt oder gekürzt.
- Ganze Sätze oder auch nur …nzln Wrtr wrdn hn Vkl gsprchn.
- Die Vokalfärbung wird willkürlich verändert: offene oder geschlossene Vokale.
- Ein verfremdeter Text soll in die ursprüngliche Form zurückverwandelt werden.

Spielformen dieser Art können auch von den Kindern vorgeschlagen werden.

Die Aufgaben eignen sich zur Einstimmung oder als Auflockerung. Man sollte nicht zu lange dabei verweilen.

➜ *Vgl. dazu: 10x10 Sprachspiele, C 8: «Phönizisch»*

Hausordnung	**Einzeln Gruppe**	eigenst.	Kl. 3 – 7
Hausordnung, Schulordnung, evtl. auch aus früherer Zeit	Spielen mit Texten		I 2

Verordnungen werden oft als Texte gelesen, über die man nicht nachdenkt und die man schon gar nicht in Frage stellt. Darum empfinden viele die folgenden Aufgaben als besonders reizvoll:

Aufgaben
- Studiert eine Haus- oder Schulordnung aus vergangener Zeit. Diskutiert, was sich heute geändert hat.
- Studiert Hausordnungen oder Schulordnungen und entwerft eine alternative Ordnung dazu, die das Gegenteil vorschreibt.
- Studiert eure eigene Schulhausordnung und verfasst eine «Gegenordnung» aus der Sicht der Schülerinnen und Schüler.
- Verfasst eine Hausordnung für eine fiktive Schule, in der ihr selber Vorsteher seid.
- Verfasst eine Hausordnung, wie sie im strengen Preußen vor 150 Jahren bestanden haben könnte.

An diese Aufgabe schließt sich erfahrungsgemäß eine rege Diskussion inhaltlicher Art an:
- *Was bezwecken die einzelnen Vorschriften?*
- *Aus welcher Sicht sind sie sinnvoll und nützlich?*
- *Was für ein Menschenbild liegt ihnen zu Grunde?*

Wortspielereien

| | Einzeln Gruppe | eigenst. | Kl. 6 – 9 |

Einfache, kurze Texte, Verse und Sprüche | Spielen mit Texten | I 3

Wörter regen zu Gedanken und Vorstellungen an. Mit denselben Wörtern kann Unterschiedliches gesagt werden. Dies lässt sich durch Spielereien mit der Vertauschung von Wörtern erfahren:

Aufgabe
- Sucht einfache, kurze Texte, z.B. Sprüche, die euch dazu anregen, die Wörter zu vertauschen. Sucht mehrere neue Wortstellungen dieser Texte, denen ihr auch Sinn abgewinnen könnt.
- Wählt in der Gruppe den gleichen Ausgangstext und vergleicht am Schluss eure Lösungen.
- Verändert den Text auch, indem ihr mit den Satzzeichen spielt.
- Vermischt Sprichwörter:
  – Morgenstund ... ist aller Laster Anfang.
  – Müßiggang ... hat Gold im Mund.
  – Wer andern eine Grube gräbt ... lacht am besten.
  – Wer zuletzt lacht ... fällt selbst hinein.

Ein Beispiel ist Timm Ulrichs «denk-spiel»:

*denk-spiel
(nach descartes)*

*ich denke, also bin ich
ich bin, also denke ich.
ich bin also, denke ich.
ich denke also: bin ich?*

*(konkrete poesie;
reclam 9350; Stuttgart 1992)*

Vorschläge:
- *Alles oder nichts*
- *Wer wagt, gewinnt.*
- *Gegensätze ziehen sich an.*
- *Was du nicht willst, das man dir tu, das füg auch keinem andern zu.*

Bausteine	Einzeln Partner	eigenst.	Kl. 4 – 9
Kurze einfache Texte, evtl. selbst gewählt	Spielen mit Texten		I 4

Texte können in Sätze, diese in Wörter und diese in Silben zerlegt werden. Das reizt zum Spielen:

Aufgaben (Ideen zur Anregung)
- Zerlegt einen Text in Wörter. Schreibt dies in einer Liste auf, am besten ausschließlich in Großbuchstaben. –
  Nun wählt ihr passende Wörter aus und setzt sie zu neuen mehr oder weniger sinnvollen Sätzen zusammen. (Man muss nicht alle Wörter brauchen, aber man kann sich eine Ehre daraus machen, möglichst wenige übrig zu lassen.)
- Grammatisch gesehen bestehen die Wortbausteine aus Morphemen. Die wichtigsten sind die Stamm-Morpheme: /fahr/ in *gefahren*, während *ge-* und *-en* als 'formenbildende Morpheme' bezeichnet werden. Viele Pronomen und Partikeln bestehen aus unteilbaren Morphemen: *ab, auf, da, bis, dein, die, gern, nicht, oft, von, zu* …
  Zerlegt einen Text in die Morpheme und schreibt diese in einer Liste auf: Jetzt beginnt das gleiche Spiel wie oben: setzt mit den Morphemen neue Wörter zusammen. Gelingt es auch, ganze Sätze zu bilden?
- Der Auftrag kann auch heißen: Sucht mit den gewonnenen Morphemen so viele Nomen (oder Verben, Adjektive) wie möglich.

Spiele mit Textbausteinen gewähren auf spielerische Weise Einblick in Struktur und Aufbau der Sprache. Wichtig ist, dass dabei mit den Morphemen und nicht mit den Silben operiert wird. Dass Stamm-Morpheme sich bei der Flexion verändern können (kriech-en, aber ge-kroch-en), bietet in der Regel kaum Schwierigkeiten.

Literatur:

B. Schaeder: Wortspiel Schroedel, Hannover 1992

Schweiz: S. Baumann Schenker: Wortspiel. sabe, Zürich 1996

Neue Phänomene

Einzeln / Partner	eigenst.	Kl. 1 – 9

Evtl. Texte mit Fach- und Fremdwörtern aus anderen Sprachen   Spielen mit Texten   I 5

Wie soll man neue Dinge benennen, für die man bisher, weil es die Sache selber nicht gab, noch keinen Namen hatte? Oft werden die Bezeichnungen neuer Phänomene gar nicht ins Deutsche übersetzt: Computer, Internet …

Aufgaben (Vorschläge)
- Sucht Wörter, die aus fremden Sprachen stammen, und erfindet dafür deutsche Wörter, z.B. E-Mail; Rockszene; Tamagotchi … Oft muss man die Dinge wortreich umschreiben.
- Erfindet neue Tiere (wie Christian Morgenstern), darüber hinaus neue Fahrzeuge, neue Volksstämme, neue Materialien und Geräte. • Schreibt einen Text mit Fach- und Fremdwörtern, die euch bekannt sind. Gebt ihn anderen zu lesen.
- Wir benützen Verben, die von Tieren abgeleitet sind: er luchst, es wurmt sie, es fuchst ihn, die Kuh (oder der Gletscher) kalbt, man fischt, hamstert … Legt eine Liste von Tieren an und verwendet die Tiernamen als Verb in einem Satz. *(Cowboys pferden hinter ihren Herden drein.)*

Schon Christian Morgenstern hat sich mit der Neubildung von Namen befasst:

«Neue Bildungen, der Natur vorgeschlagen

Der Ochsenspatz
Die Kamelente … »

Kuckuckseier

Partner Klasse	eigenst.	Kl. 1 – 9

Vorbereitete literarische Texte mit Leerstellen — Spielen mit Texten — I 6

In literarischen Texten erscheint uns oft jedes Wort unersetzbar. Dies fordert heraus:
– Was ändert sich, wenn ein Wort verändert wird?
– Finden Laien ebenso treffende Wörter wie die Dichter?

Aufgabe (der Stufe angepasst)
- Ersetzt im Text die Leerstelle durch ein passendes Wort aus der vorgegebenen Liste. Beispiel: Dorf / Wald / Forst / Mensch / …
  Im Nebel ruhet noch die Welt
  noch träumen .... und Wiesen
- Ergänzt einen Text, z.B. ein Gedicht, durch selber ausgedachte Wörter, die euch passend erscheinen.
- Bereitet für andere einen Text mit Leerstellen vor, indem ihr wenige, aber wichtige Wörter weglässt. Lasst sie den Text durch eigene Wörter ergänzen.
- In einem vorgegebenen (evtl. bekannten) Text sind einzelne Wörter ersetzt worden: Wer erkennt diese 'Kuckuckseier'? Beispiel:
  Frühling lässt sein schönes Band (blaues)
  wieder fliegen durch die Lüfte … (flattern)
- Stellt für eure Partner selber Texte mit Kuckuckseiern her.

Die verfälschte Lorelei

Ich weiß nicht, was soll es bedeuten,
Dass ich so fröhlich bin;
Ein Mädchen aus alten Zeiten,
Das kommt mir stets in den Sinn.

Die Lust ist groß und es dunkelt,
Und feurig schmeckt der Wein;
Das schwarze Auge, es funkelt
Im Abendsonnenschein.

Die schönste Jungfrau sitzet
Dort oben an der Bar;
Der goldene Wein, der blitzet
Im Glase wunderbar.

Gegenwörter

Einzeln / Gruppe | eigenst. | Kl. 4 – 9

Kurze anschauliche Texte, auch Gedichte | Spielen mit Texten | I 7

Oft kommen wir einem Text erst richtig nahe, wenn wir über die Bedeutung der Wörter nachdenken. Ein beliebtes Mittel für die Interpretation von Texten ist es, gegensätzliche Begriffsreihen zusammenzustellen.

Aufgaben

- Ersetzt im Text die Adjektive durch solche, die das Gegenteil bedeuten oder solche, die stärker (oder schwächer) wirken.
- Ersetzt ausgewählte Nomen durch solche, die das Bild oder die Aussage verändern, allenfalls sogar ins Gegenteil verkehren.
- Stellt zu den Verben eine Reihe von Alternativverben zusammen und prüft die Wirkung der unterschiedlichen Aussagen.
- Partneraufgabe: Jeder verändert in einem kurzen Text *ein* zentrales Wort: Findet der Partner /die Partnerin die Fälschung heraus?
- Verändert die Wörter des Textes, ohne dass dabei der Sinn, die Aussage, verloren geht.

Der Rauch (Bertolt Brecht)

Das kleine Haus unter Bäumen am See.
Vom Dach steigt Rauch.
Fehlte er,
wie trostlos dann wären
Haus Bäume und See.

Variationen

Das mächtige Haus unter Bäumen am See.
Vom Dach steigt Rauch.
Fehlte er,
wie hoffnungsvoll dann wären
Haus, Bäume und See.

Das kleine Zelt unter Sternen am Gletscher.
Daraus ertönt Musik.
Fehlte sie,
wie einsam dann wären
Zelt, Sterne und Gletscher.

Abbauen

Einzeln Partner	eigenst.	Kl. 4 – 9

Einfache Texte. Gedichte | Spielen mit Texten | I 8

Wir brauchen eher zu viel Wörter. Manchmal täte es auch die Hälfte.... Dies behauptet Franz Hohler in seinem Heft *Sprachspiele*. Er schlägt vor, jedes zweite (dritte …) Wort einfach wegzulassen oder nur jedes zweite (dritte …) stehen zu lassen.

Aufgabe

- Lasst im Text nach dem Vorschlag Hohlers nur noch jedes zweite (dritte …) Wort stehen. Welches sind die Bedingungen dafür, dass verständlich bleibt, worum es im Text geht?
- Wählt einen Text, es kann eine Zeitungsnotiz oder ein literarischer Text sein, und überdeckt die Wörter, die ihr als überflüssig erachtet mit Korrektur- bzw. Abdeckband. Lasst dann den Text von der Partnerin oder dem Partner durch eigene Vorschläge ergänzen. – Zum Schluss können die Varianten verglichen werden.
- Untersucht, wie es wirkt, wenn ihr literarische Texte, Lesebuchgeschichten oder Gedichte kürzt.
- Legt einander gekürzte oder durch eigene Wörter erweiterte Texte vor. Woran erkennt ihr den Eingriff in die Texte?

In der Regel merken die Schülerinnen und Schüler schnell, dass «dichte» Texte wie Gedichte, Sprüche, Anekdoten und andere Kurzformen sich schlecht verändern lassen, ohne dass die Aussage beeinträchtigt wird.

Lit.: Hohler F.: Sprachspiele Schweiz. Jugendschriftenwerk, Nr. 1485, Zürich 1989[3]

Prosa und Vers

	Einzeln Partner	eigenst.	Kl. 4 – 9

Reimlose Gedichte | Spielen mit Texten | I 9

Reimlose Gedichte unterscheiden sich oft nur optisch, d.h. durch die zeilenweise Anordnung, von Prosatexten. Das fordert zum handelnden Zugang direkt heraus.

Aufgabe
- Reimlose Gedichte werden den Schülerinnen und Schülern in fortlaufender Prosaform aufgeschrieben. Sie sollen selber eine Versordnung herstellen.
- Lösungen vergleichen, evtl. begründen. Vergleich mit Originaltext.

Textbeispiele

Der Rauch (Bertolt Brecht, vgl. I 7)

Das kleine Haus unter Bäumen am See. Vom Dach steigt Rauch. Fehlte er, wie trostlos dann wären Haus Bäume und See.

Definition (Erich Fried)

Der Hund / der stirbt / und der weiß / dass er stirbt / wie ein Hund / und der sagen kann / dass er weiß / dass er stirbt / wie ein Hund / ist ein Mensch.

Bei Tag (Paul Celan)

Hasenfell-Himmel. Noch immer / schreibt eine deutliche Schwinge. / Auch ich, erinnere dich, / Staub- / erfahrene, kam / als ein Kranich.

Was macht einen Text zu einem dichterischen Text? Was zu einem lyrischen Text, zu einem Gedicht? Durch eigenes Erproben, Untersuchen, Vergleichen sollen die Schülerinnen und Schüler Antworten auf solche Fragen finden.

Textkritik

Einzeln / Partner	eigenst.	Kl. 3 – 9

Texte nach eigener Wahl der Schreibenden — Spielen mit Texten — I 10

Es ist für viele Schülerinnen und Schüler nicht einfach, über die Qualität eines Textes Aussagen zu machen. Voraussetzung dafür ist einerseits, dass sie die Gefühle und Gedanken wahrnehmen, welche ein Text auslöst, und andererseits, dass die Lehrperson die Empfindungen der Lernenden als gegeben stehen lässt, also nicht qualifiziert.

Aufgabe
- Erspürt und notiert, welche Gefühle und Gedanken ein Text bei euch auslöst.
- Verfasst dann eine Kritik dieses Textes.
- Vergleicht sie mit anderen Kritiken und sprecht darüber.

Es gibt nicht «richtige» oder «falsche» Gefühle und Gedanken, schon gar nicht im Umgang mit Texten. Und es ist oft auch nicht einfach, Gefühle wahrzunehmen und über Gedanken zu sprechen. Darum setzt die vorgeschlagene Arbeit ein Klima des Vertrauens und der Akzeptanz voraus.

Die Lernenden sollen ermuntert werden, ihre Gefühle und Gedanken zu Texten auszusprechen.

Schreiben zu Texten

| | Gruppe Klasse | geleitet | Kl. 3 – 9 |

Texte zum Vorlesen vor der Klasse — Schreiben zu Texten — K 1

Bei dieser Aufgabe es geht darum, beim Hören eines Textvortrags die Gefühle, die ausgelöst werden, wahrzunehmen und in Worte zu fassen. Durch spontanes und intuitives Schreiben soll etwas von der Stimmung des Textes festgehalten werden.

Aufgabe

- Hört dem Textvortrag konzentriert zu und schreibt ohne langes Nachdenken auf, was euch gerade einfällt: Wörter, Satzteile, Sätze.
- Ihr könnt die Arbeit beim zweiten und dritten Vorlesen beenden.
- Wer möchte, kann die Ergebnisse in Partnerschaften oder Gruppen vergleichen:
  – Welche Gedanken sind vom Text her zu begründen?
  – Welche haben die Zuhörenden von sich aus hineingetragen?

Oft ist es günstig, den Text mehrmals vorzutragen, vor allem wenn es sich um nicht leicht zugängliche Texte, etwa Gedichte, handelt.

Im Unterschied zum Verfassen von Kommentaren oder zur Beschreibung der Lesersituation (vgl. K 8) geht es hier um die Frage, was ein bestimmter Text bei den verschiedenen Zuhörenden auszulösen vermag. Es soll deutlich werden, dass «Verstehen» ein Gemisch ist aus Bedeutungen, die der Text auslöst, und Gedanken, die die Lesenden in einen Text hineintragen.

Vgl. dazu auch D 3: Malen zu Texten

Sprechblasen	**Einzeln Klasse**	eigenst.	Kl. 1 – 5
Comics, bei denen der Text entfernt worden ist	Schreiben zu Texten		K 2

Kinder mögen Bildergeschichten und Comics, denn Comics zu lesen ist weniger mühsam als reine Schrifttexte. Das eröffnet für das Textverfassen verschiedene Möglichkeiten, bei denen es immer auch um das Textverständnis geht.

Aufgaben (Auswahl entsprechend den Voraussetzungen)
- Leere Sprechblasen in Bildergeschichten oder Comics mit eigenem Text füllen.
- Zu jedem Bild einige Stichwörter finden, welche die Aussage charakterisieren.
- Bildergeschichte als Text aufschreiben.
- Einen Witz (ein Märchen …) als Comic oder Bildergeschichte gestalten, mit Bildern und Text.
- Als Partner- oder Gruppenarbeit: Zu einer (erfundenen) Geschichte werden arbeitsteilig die Bilder gezeichnet und die Texte verfasst.
- Ein Text soll als Comic dargestellt werden: Die Situationsbeschreibung als Bildlegende, die Reden und Gedanken in Sprech- und Denkblasen.

Der Comictext braucht die Geschichte nicht vollständig wiederzugeben, es reicht, wenn die nötigen Erläuterungen oder Präzisierungen zu den Bildern verfasst werden. Natürlich darf die typische Comics-Sprache (GIER/ MAMPF / LECHZ / STÖHN / PENG) verwendet werden.

→ Dabei ist weniger die zeichnerische Perfektion wichtig als vielmehr, dass die wichtigen Informationen für das Verständnis der Geschichte dargestellt sind. Erleichternd ist es, Comic-Figuren mit festen Formen wie Daumenmännchen oder Strichfiguren zu wählen.

Vom Wörterturm zum Text	Einzeln	eigenst. geleitet	Kl. 2 – 5
Vorgelesener oder selbstgelesener Text	Schreiben zu Texten		K 3

Das Verfahren hilft den Schülerinnen und Schülern, für ihren Text eine Struktur zu finden. Damit wird das Nacherzählen entscheidend erleichtert.

Aufgabe
- Zu einem gelesenen oder gehörten Text sollen die Schlüsselbegriffe untereinander aufgelistet werden. Am besten wählt man für jede Sinneinheit oder jeden Abschnitt einen Begriff oder einen verkürzten Satz: *Ermahnung / Mutter ermahnt Rotkäppchen*.
- Mit Hilfe des so entstandenen Wörterturms wird anschließend die Geschichte rekonstruiert oder nacherzählt. Man baut dabei die Begriffe zu ganzen Sätzen aus und sucht eine stimmige Verknüpfung.

Das Prinzip des Wörterturms berücksichtigt den Umstand, dass das gedankliche Konzipieren einer Geschichte und das Formulieren einander in die Quere kommen können. Ähnlich wie beim Clustering werden darum zunächst die (schnellen) Gedanken möglichst ungestört gesammelt. Erst in einem zweiten Schritt werden sie zu einem Text ausformuliert.

Paralleltext	**Einzeln Klasse**	eigenst.	Kl. 3 – 9
Überschaubarer Ausgangstext	Schreiben zu Texten		K 4

Hier geht es nicht um das Nacherzählen des Vorlagetextes, sondern um das Verfassen eines neuen Textes mit ähnlicher Struktur und vor allem zum gleichen Thema, aber allenfalls aus der eigenen Erlebniswelt.	*Das Verfahren mit dem Wörterturm (vgl. K 3) kann auch hier gute Dienste leisten.*
Aufgabe • Zu einem fiktionalen Text werden Parallelen gesucht, auch aus dem täglichen Leben oder aus der Geschichte. Diese werden in möglichst ähnlicher Art aufgeschrieben, wie die Vorlage. • Als Spielform: Es liegen drei bis vier ähnliche Texte zu vergleichbaren Themen vor. Die Schülerinnen und Schüler wählen einen aus und verfassen dazu einen Paralleltext. Am Schluss werden die Texte vorgelesen. Wird deutlich, auf welche Textvorlage sich der Paralleltext bezieht? Woran merkt man es?	➜ *Beispiel:* *Zu Peter Bichsel: 'Die Tochter' wird ein Paralleltext: 'Der Sohn' verfasst.*

Schlüsselwörter

Einzeln	**eigenst.**	**Kl. 4 – 9**

Texte mit klarer Struktur — Schreiben zu Texten — K 5

Zu einem gelesenen oder gehörten Text werden die Schlüsselwörter notiert. Sie bilden das Gerüst für einen eigenen Text, sei es zum selben Thema oder zu einem eigenen.

Aufgabe

Notiert zuerst einige Wörter, die ihr als die Schlüsselwörter der Geschichte betrachtet. Verfasst dann damit einen eigenen Text. Wählt dazu *eine* der folgenden Spielregeln:

- Euer Text soll dem Vorlagetext möglichst ähnlich sein.
- Euer Text soll ein anderes Thema behandeln als die Vorlage.
- Fasst jedes Schlüsselwort in einen lyrischen Satz und bildet aus dem Ganzen ein Gedicht.
- Verfasst mit den Wörtern eine dramatische Szene.

Die Texte werden zum Lesen für alle ausgehängt – falls es die Schülerinnen und Schüler wünschen, auch anonym.

Hier geht es nicht um Nacherzählung oder Paralleltext, sondern darum, sich von Wörtern eines Textes zu einer eigenen Geschichte anregen zu lassen.

Es ist spannend, zu vergleichen, was die Einzelnen aus der Aufgabe machen. Wir empfehlen aber Diskretion im Umgang mit solchen Texten, zumindest Verzicht auf Kritik und insbesondere auf Bloßstellung.

Textsortenwechsel

Einzeln Gruppe	eigenst.	Kl. 6 – 9

Einfache Texte, die eindeutig einer Sorte zugeordnet werden können | Schreiben zu Texten | K 6

Welches sind die besonderen Merkmale einer bestimmten Textsorte? Eine Auseinandersetzung mit solchen Merkmalen geschieht handelnd, indem man Texte einer bestimmten Sorte in eine andere umschreibt.

Aufgabe
- Schreibt ein Kochrezept / eine Bastelanleitung … als Gedicht auf.
- Schreibt eine Unfallmeldung aus der Tagespresse als Erlebnisbericht, als Zeugenaussage oder in Form eines Berichts zuhanden der Versicherung auf.
- Schreibt einen lyrischen Text in der Form einer anschaulichen Schilderung oder als romantische Beschreibung.
- Schreibt einen amtlichen Bericht (oder einen Versicherungsbericht) so auf, wie die Betroffenen das Ereignis schildern würden.

Weiterführende Anregungen
- Greift das Anliegen eines Textes auf und macht daraus einen Werbetext oder einen Werbeslogan.
- Ein Text aus der bürgerlichen Tageszeitung soll für ein Boulevard-Blatt (Bildzeitung; Blick) umgeschrieben werden und umgekehrt.

Ein literarisches Muster findet sich bei Franz Hohler: «Die Hinrichtung» stellt einen Verkehrsunfall als Bericht über ein juristisches Verfahren (eben eine Hinrichtung) dar.

(Franz Hohler: Ein eigenartiger Tag, Luchterhand 1979)

Rahmengeschichte

| | Partner Gruppe | eigenst. | Kl. 1 – 9 |

Geschichten, die sich zum Erzählen eignen | Schreiben zu Texten K 7

Zu jeder Geschichte kann man sich einen Rahmen vorstellen, in der sie dargeboten wird: Großmutter sitzt im alten Ohrsessel und erzählt den beiden aufmerksam an ihren Lippen hängenden Kindern zum x-ten Mal die Geschichte von Rotkäppchen usw.

Aufgabe
- Erfindet zur Geschichte, die ihr gelesen habt, einen Rahmen:
  – Wer erzählt den Text oder liest ihn vor?
  – In welcher Situation wird die Geschichte erzählt?
  – Was für Personen sind dabei?
  – Wie stellt ihr euch den Raum, das Umfeld vor?
  – In welcher Zeit oder Epoche befinden wir uns?
- Beschreibt diesen Rahmen möglichst anschaulich.
- Lest eure Texte vor und überlegt, woher unterschiedliche Vorstellungen der Erzähl- oder Lesesituation rühren mögen.

Die Aufgabe soll dadurch zu einer vertieften Auseinandersetzung mit einem Text anregen, dass man sich bewusst macht, in was für einem Zusammenhang der Text geschrieben oder vorgetragen werden könnte.

Lesersituation	Partner Klasse	eigenst.	Kl. 4 – 9
Kurze Texte zur freien Auswahl	Schreiben zu Texten		K 8

Zu einem Text wird die Situation beschrieben, in der er gelesen worden ist: Wie hat die Aufgabe auf einen gewirkt, mit welcher Motivation, welchen Gefühlen ist man an den Text herangegangen, was hat man dabei erlebt, was fühlt man jetzt hinterher? Wie geht es einem mit der Aufgabe, seine Situation bei der Textlektüre zu beschreiben?

Aufgabe
- Ihr sollt bei der Lektüre eines Textes eure Empfindungen wahrnehmen: Haltet ein, wenn ihr eine Empfindung spürt, geht ihr nach, fasst sie in Worte und bringt sie zu Papier.
- Dies beginnt bereits bei der Aufgabenstellung: Was löst sie bei euch aus?
- Die Aufgabe soll euch begleiten: Unterbrecht die Lektüre regelmäßig, um eure Gedanken und Gefühle zu beschreiben.
- Formuliert am Ende diese Gedanken und Gefühle in knappen Worten, auch als Gedankenfetzen, unausformuliert.
- Fügt die eigenen Texte an geeigneten Stellen als Kommentare in die Textvorlage ein.
- Wer mag zum Schluss den mit den eigenen Gedanken angereicherten Text (oder einzelne Teile davon) vorlesen?

Die Lesenden sollen lernen, ihre Empfindungen bei der Lektüre wahrzunehmen. Das beginnt bereits bei der Aufgabenstellung, begleitet die Lektüre und endet bei der Verfassung des Berichts.

Diese Form des Kommentierens führt zu sehr persönlichen Äußerungen zum Text:
– Wie ist meine Motivation?
– Was hätte ich im Text erwartet?
– Welche Gedanken löst er aus?
usw.

→ *Diese Idee lässt sich auch als längerfristige Aufgabe durchführen: Lest während dem Semester ein Buch und notiert laufend eure Empfindungen.*

Klappentexte

Einzeln	eigenst.	Kl. 4 – 9

Texte zur individuellen Lektüre — Schreiben zu Texten — K 9

Klappentexte beschreiben die Bücher auf den Umschlagseiten. Sie geben einerseits einen Einblick in den Inhalt, andererseits sollen sie Spannung und Lust auf die Lektüre erzeugen.

Aufgaben
- Verfasst zu einem von allen gelesenen Buch einen Klappentext. Anforderungen:
  – Einblick in die Geschichte, den Inhalt
  – Eigene Beurteilung des Textes
  – Empfehlung, Propaganda
- Vergleicht eure Klappentexte.
- Schreibt Klappentexte zu Büchern, die ihr gelesen habt. Hängt sie an der Pinnwand aus, einerseits um andere zu informieren, andererseits um sie auch zur Lektüre des Buches zu animieren.

Variante: **Rezension**

Verfasst zu einem Text, z.B. zu einem Jugendbuch, eine Rezension:
- Kurze Inhaltsangabe
- Beurteilung: Was hat mir gefallen, was hat mich gelangweilt?
- Empfehlung zur Lektüre (sehr, nur bedingt oder gar nicht empfohlen; Begründung)

Für die Leseanimation in der Klasse ist es günstig, laufend Klappentexte oder Rezensionen gelesenen Büchern verfassen zu lassen, diese auszuhängen und regelmäßig zum Thema zu machen. Besonders wertvoll ist es, wenn sich die Lehrperson beteiligt.

Lesejournal

	Einzeln	eigenst.	Kl. 2 – 9

Texte zur individuellen Lektüre. Evtl. spezielle Hefte | Schreiben zu Texten | | K 10

Ein Lesejournal enthält persönliche Gedanken zu Texten, die man gelesen hat. Der Inhalt geht über eine Inhaltsangabe oder einen Kommentar zu den Texten hinaus und gewährt einen Einblick in das Fühlen und Denken der Lesenden. Lesejournale sollten darum als private Aufzeichnungen betrachtet werden, ähnlich wie Tagebücher. Sobald sie Unterrichtsgegenstand werden, also etwa wenn sie verpflichtend geführt werden müssen, beurteilt werden, wenn daraus vorgelesen werden *muss* usw. verlieren viele Leserinnen und Leser den Spaß daran.

Aufgabe
- Ihr erhaltet ein spezielles Heft, in das ihr eure Gedanken zu den Texten, die ihr lesen werdet, notieren sollt.
- Von Zeit zu Zeit berichtet ihr einander über eure Lektüre. Wer will, kann etwas aus seinem Lesejournal vorlesen.

Jüngere Kinder zeigen ihre Aufzeichnungen der Lehrerin in der Regel gerne. Oft verzieren sie ihre Texte mit Zeichnungen und Ornamenten. Sie sind auch stolz, wenn sie aufgefordert werden, den anderen aus ihrem Lesejournal vorzulesen.

Besonders animierend ist es, wenn die Lehrperson sich an der Aktion «Lesejournal» aktiv beteiligt und ihrerseits hie und da etwas von ihren Aufzeichnungen vorliest.

Literaturhinweis:

Bertschi-Kaufmann A.(Hrsg.): Lesen und Schreiben im offenen Unterricht
sabe Zürich 1998

Inhaltsverzeichnis

A	Zugang zu Texten	B	Bedeutung erschließen	C	Rezitieren	D	Darstellen	E	Einblick Grammatik
A 1	Vermutungen anstellen	B 1	Titel finden	C 1	Klanggestaltung	D 1	Mimisch unterstützen	E 1	Gliederung finden
A 2	Fragen beantworten	B 2	Fotolangage	C 2	Vortrag in Rollen	D 2	Bewegtes Lesen	E 2	Operationale Verfahren
A 3	Fragen stellen	B 3	Gefühl ausdrücken	C 3	Chorlesen	D 3	Malen zu Texten	E 3	Paraphrasieren
A 4	Fortsetzung ausdenken	B 4	Bedeutungsbilder	C 4	Stimmungen	D 4	Schreibbild	E 4	Satzbauspiele
A 5	Schnipseltexte	B 5	Stellung nehmen	C 5	Lesen und Erzählen	D 5	Erzählkino	E 5	Interpunktitis
A 6	Entflechten	B 6	Innerer Monolog	C 6	Musikalisch untermalen	D 6	Rhythmus	E 6	Tempus verändern
A 7	Bilder und Gedanken	B 7	Szenen zu Texten	C 7	Vertonen	D 7	Kommentieren	E 7	Aussageweise
A 8	Lesen mit dem Stift	B 8	Übersetzen	C 8	Rhythmisch variieren	D 8	Eingreifen	E 8	Dialekt
A 9	Stolpersteine	B 9	Leerstellen ergänzen	C 9	Drehen und wenden	D 9	Dramatisieren	E 9	Partikeln
A 10	Text ergänzen	B 10	Fälschung	C 10	Hörbild, Hörspiel	D 10	Pantomime	E 10	Ersetzen

F	Form verändern	G	Gedichte	H	Textstruktur erfassen	I	Spielen mit Texten	K	Schreiben zu Texten
F 1	Gattung wechseln	G 1	Auswendig lernen	H 1	Erzählschritte	I 1	Laute verfremden	K 1	Schreiben zu Texten
F 2	Nachahmen	G 2	Gedichte vortragen	H 2	Lesespur	I 2	Hausordnung	K 2	Sprechblasen
F 3	Gegentext	G 3	Umgestalten	H 3	Stilvarianten	I 3	Wortspielereien	K 3	Wörterturm
F 4	Neue Helden	G 4	Konkrete Poesie	H 4	Kürzen/Ausschmücken	I 4	Bausteine	K 4	Paralleltext
F 5	Umfeld verändern	G 5	Experimentelle Poesie	H 5	Cluster und Mindmap	I 5	Neue Phänomene	K 5	Schlüsselwörter
F 6	Übertreiben	G 6	Gedichte entflechten	H 6	Rückwärtsgeschichte	I 6	Kuckuckseier	K 6	Textsortenwechsel
F 7	Spielverderber	G 7	Wiederherstellen	H 7	Alter Text	I 7	Gegenwörter	K 7	Rahmengeschichte
F 8	Verfremden	G 8	Zeilenweise	H 8	Bildnerisch umsetzen	I 8	Abbauen	K 8	Lesersituation
F 9	Pespektivenwechsel	G 9	Interkulturelle Poesie	H 9	Grafisch umsetzen	I 9	Prosa und Vers	K 9	Klappentexte
F 10	Plagiat	G 10	Reim und Rhythmus	H 10	Collage	I 10	Textkritik	K 10	Lesejournal